RÉPUBLIQUE FRANÇAISE
Liberté—Égalité—Fraternité

DÉPARTEMENT DE LA SEINE

DIRECTION DES AFFAIRES DÉPARTEMENTALES

ÉTAT DES COMMUNES

A LA FIN DU XIXᵉ SIÈCLE

publié sous les auspices du Conseil Général

PIERREFITTE

NOTICE HISTORIQUE

ET

RENSEIGNEMENTS ADMINISTRATIFS

MONTÉVRAIN
IMPRIMERIE TYPOGRAPHIQUE DE L'ÉCOLE D'ALEMBERT

1896

PIERREFITTE

NOTICE HISTORIQUE

PIERREFITTE[1]

Anciennement communauté de la Généralité et de l'Élection de Paris, de la subdélégation de Saint-Denis, paroisse du doyenné de Montmorency;

En 1790, chef-lieu de canton du district de Saint-Denis;

De l'an IX à 1893, commune de l'arrondissement et du canton de Saint-Denis;

Commune du canton d'Aubervilliers en vertu de la loi du 12 avril 1893.

---

1 Il y a en France un grand nombre de localités nommées Pierrefitte, ou Pierrefiche, ou Pierrefrite, qui ont une étymologie analogue. Les communes portant le nom de Pierrefitte sont les suivantes: Pierrefitte-sur-Loire (Allier); Pierrefitte (Corrèze); Pierrefitte (Creuse); Pierrefitte (Loir-et-Cher); Pierrefitte (Oise); Pierrefitte (Deux-Sèvres); Pierrefitte-les-Bois (Vosges); Pierrefitte-en-Cinglais (Calvados); Pierrefitte-ès-Bois (Loiret): Pierrefitte-sur-Aire (Meuse): Pierrefitte-sur-Touques (Calvados), et enfin Pierrefitte, au département de la Seine, que le *Dictionnaire des Postes* appelle, par une erreur inexplicable, « Pierrefitte-sur-Seine », dans son édition de 1876.

I. — FAITS HISTORIQUES

L'explication du nom de Pierrefitte a donné beaucoup de souci aux anciens historiens. En présence des formes latines *Petra ficta, frita, fixa, fricta,* qui remontent au IXᵉ siècle et que l'on rencontre communément surtout à partir du XIIᵉ, ils ont imaginé qu'il s'agissait d'une pierre frite, — ce qui n'a aucun sens, — ou d'une pierre façonnée, moulée. C'est là l'étymologie proposée par l'abbé Lebeuf, ordinairement plus perspicace. Or, Pierrefitte tire certainement son nom de *Petra ficta* (forme altérée de *fixa*) et signifie pierre fichée dans le sol: qu'il s'agisse, comme cela est probable, d'un menhir de l'époque celtique dont la présence aura servi à baptiser le lieu, ou d'une grosse borne placée là pour marquer la limite de deux territoires.

La première mention que l'on rencontre de la localité est du IXᵉ siècle: en 862, l'abbé de Saint-Denis désigna, entre autres vignobles, ceux de Pierrefitte pour la consommation des religieux de son abbaye. Aux XIIᵉ et XIIIᵉ siècles, ces mentions deviennent très fréquentes et il ne s'agit plus seulement des vignes, mais du village même, où l'existence d'une cure est attestée, dès l'année 1218, par un acte accordant aux abbés de Saint-Denis le patronage de cette cure; or, l'existence d'une paroisse implique nécessairement une agglomération d'habitants déjà de quelque importance.

Ce droit de patronage fut loin d'être le seul dont jouit l'abbaye de Saint-Denis sur Pierrefitte; durant le moyen-âge et jusqu'à la Révolution, elle posséda la seigneurie du bourg, parce qu'elle en posséda presqu'exclusivement tout le territoire, réparti entre plusieurs de ses religieux, pourvus d' « offices », comme cela avait lieu dans toutes les grandes abbayes. C'est ainsi que l'*infirmier,* le *cénier,* l'*hôtelier,* le *portier* [1] de Saint-Denis furent respectivement et en partie seigneurs de Pierrefitte en raison des terres que leur office leur donnait le privilège d'y faire valoir, et que l'abbaye, d'une façon impersonnelle et globale, y exerça les droits seigneuriaux. Ses archives nous fourniront donc tous les renseignements, — ou à peu

---

1. Ces noms s'expliquent presque d'eux-mêmes. L'infirmier était le religieux qui s'occupait des malades; le cénier, — qu'ailleurs on appelait refecturier, — était chargé de l'alimentation; l'hôtelier présidait à la réception des hôtes de l'abbaye; le portier veillait à la garde de la maison.

près,—qui peuvent éclairer l'histoire du village sous l'ancien régime.

Par acte du 26 juin 1381, l'infirmier céda, au prix de 3 livres 10 sols de rente, la dîme appelée *champart* et le droit de pressoir qu'il percevait jadis sur 28 arpents de vignes situés à Pierrefitte; la charte de vente fait connaître que sur ces 28 arpents, 8 seulement étaient restés en vignobles, aux lieux dits: la ruelle aux Belles-Femmes, — la rue Garoust, — l'Orme de Joncherolles, — la Croix, — la Chaussée; le reste, à savoir 20 arpents, avait été converti en culture de céréales; le pressoir avait été détruit et formait une place vide dans la cour de l'hôtel appartenant à Pierre de Châtel, conseiller du Roi, maître des Comptes, qui se rendit acquéreur du terrain, en payant la rente que nous venons de dire. [1]

Voilà une charte curieuse à plus d'un titre: d'abord, elle signale, — malheureusement sans l'expliquer, — une sorte de révolution effectuée au milieu du XIVe siècle à Pierrefitte, dans le traitement de la terre. Pourquoi les paysans avaient-ils abandonné la vigne, d'une culture certainement plus lucrative? C'est à coup sûr parce qu'ils y avaient été forcés, et que leurs vignobles avaient été détruits par la guerre, à moins que ce ne soit par quelque fléau tel que le phylloxera; ensuite, nous y trouvons le nom d'un notable habitant de Pierrefitte, ce Pierre de Châtel, fonctionnaire considérable de la maison du Roi, et propriétaire dans le bourg d'un « hostel » certainement important; enfin, l'on y rencontre la plus ancienne mention d'une rue qui existe encore aujourd'hui, « la rue Garoust » nommée dans des titres moins anciens « rue Garout, rue Guéroust » dont beaucoup d'habitants actuels ne soupçonnaient pas, sans doute, la haute antiquité.

L'occupation de notre pays par les Anglais, au siècle suivant, allait avoir à Pierrefitte son écho: Regnault Fréron qui y possédait aussi un hôtel avec cour et colombier en fut dépossédé pour être resté fidèle à la cause de Charles VII et ses biens furent donnés vers 1425 par le roi d'Angleterre, Henri VI, à Jean Gillés, l'un des traître qui avaient facilité, avec Perrinet Leclerc, l'entrée du duc de Bourgogne dans Paris. De même, le bois de Richebourg, possession de Simon Davy, chevalier français, fut donné à un partisan du roi anglais, Girard Desquay, écuyer. [2]

Notons en passant que c'est la première fois que l'on trouve dans les textes le nom de ce bois de Richebourg, auquel celui de

1. *Archives nationales* S. 2364, n° 9.
2. Sauval, *Antiquités de Paris*, tome III, page 324, cité par l'abbé Lebeuf.

Butte-Pinson ou plus exactement Butte-aux-Pinsons s'est substitué
de nos jours. Un personnage nommé Richebourg a dû être le
premier possesseur de ce fief.

Près de deux siècles s'écoulent sans qu'un fait digne d'intérêt
nous soit fourni par les textes. Le 18 août 1609, « noble et religieuse
personne, frère Jacques Doublet, cénier de l'église et abbaye de
Saint-Denis et seigneur de Pierrefitte » fit location par bail à
Janet Lhermitte, marchand boucher du lieu, d'une maison « con-
sistant en troys galletas, trois chambres en dessus et ung petit cabinet
joignant deux greniers dont ung grand et l'autre petit, couvert de
thuille, une estable... » ; le contrat porte, en outre, qu'à la maison
attenait un terrain où il y avait eu jadis une prison et un jardin
planté d'arbres fruitiers ; le tout, situé dans la grande rue tendant
de Pierrefitte à Saint-Brice, était contigu au presbytère ; la maison
tombait en ruines ; elle avait appartenu autrefois, en qualité de
demeure seigneuriale, au prévôt-portier de l'abaye. [1]

Une prison à Pierrefitte ! Il ne faut pas s'en étonner : c'était
le complément obligé de toute seigneurie aux temps passés,
et dût-elle ne jamais s'ouvrir, sa présence était nécessaire ; au
reste, nous le voyons, celle-ci avait disparu dès le commencement
du XVIIe siècle, et l'on ne songea pas à la réédifier.

Autre remarque : Jacques Doublet qui fit le bail ci-dessus est
fort connu et estimé des antiquaires, comme ayant écrit, un siècle
avant Félibien, une *Histoire de l'abbaye de Saint-Denis*, publiée
en 1625 et que l'on consulte encore aujourd'hui avec profit.

De la colline que l'on nommait le bois de Richebourg naît
une source qui dans Pierrefitte aboutit à une fontaine dite la Fontaine Rosée. Elle portait ce nom au moins dès le XVIIe siècle, car
en 1619 elle donna lieu à une négociation intéressante. La communauté des habitants traita avec le propriétaire — un sieur Jean Dugué
— du terrain où était situé cette fontaine et l'autorisa à construire
un réservoir où serait recueillie toute l'eau de la source, à condition
qu'il en abandonnerait un tiers au profit de l'usage public. L'original
de cette transaction, revêtu des signatures des vignerons de Pierrefitte ou des croix de ceux qui ne savaient pas écrire est conservé
aux Archives nationales. [2] Depuis, la question de la Fontaine-Rosée

---

1. *Archives nationales* S. 2.262.

2. *Archives nationales*. S. 2.262. — Cet acte et ceux qui le suivirent sont
analysés parmis les pièces du dossier de la Fontaine-Rosée aux archives de la
Seine, Pierrefitte, Série O.

a donné lieu à bien d'autres contrats jusqu'en 1837, époque à laquelle son propriétaire, M. Buffault en fit généreusement don à la commune.

Au mois de février 1649, les guerres de la Fronde vinrent jeter le trouble parmi les habitants de Pierrefitte, qui eurent à héberger des soldats et à subir mille violences.

Le règne de Louis XV, en revanche, fut marqué, pour le bourg, par un événement pacifique et fort avantageux : c'est en 1725 que fut entrepris dans Saint-Denis le prolongement en ligne droite de la grande route partant de la Chapelle ; la nouvelle voie nommée alors rue d'Enghien et aujourd'hui rue de Paris, fut ensuite percée jusqu'à Pierrefitte et forma la belle route qui relie ces deux localités. Jusque là, les voitures de tout genre allant de Paris vers le Nord suivaient à Saint-Denis la rue de la Boulangerie, passaient devant la basilique et franchissaient la porte Saint-Remy pour prendre à gauche l'ancien grand chemin d'Amiens et arriver dans la grande rue de Pierrefitte par la rue Guéroux, très ancienne comme nous l'avons dit plus haut.

C'est ici le moment de donner les noms de lieux-dits que l'examen des documents anciens nous a révélés. Presque tous existent encore, à peine défigurés, et il n'est pas sans intérêt de constater à leur égard la fidélité de la tradition. Après « la rue Garoust », mentionnée dès le XIVᵉ siècle, on trouve vers le même temps, Maigret, les Tardis, Sous l'Orme, au XVᵉ siècle ; puis, au siècle suivant, la ruelle des Belles-Filles (1559), la Croix Roussée, la Fontaine Rozée, la ruelle Lienge (depuis ruelle Ange), les Sablons ; une maison de la grande rue porte pour enseigne « l'Image Saint-Martin » (1565), au XVIIᵉ siècle, Joncherolle, Chantepie, la Fontaine-Lisiard, les Tertres [1].

Dautres renseignements sur les noms de terres sont fournis par une constestation qui se produisit, en 1757, entre les habitants de Pierrefitte et ceux de Stains à propos des limites de leurs territoires respectifs. Une ordonnance de l'Intendant de la généralité, Bertier, prescrivit, au profit des premiers, la décharge de la taxe à laquelle ils avaient été imposés à tort. Voici les parties essentielles de cette ordonnance : .

Louis-Jean Bertier de Sauvigny, chevalier, conseiller d'État, intendant de justice, police et finance de la généralité de Paris,

1. *Archives nationales* S. 2.262, *passim.*

Vu la requête à nous présentée par les sindic et habitans de la paroisse de Pierrefitte tendante à être déchargés des sommes auxquelles ils ont été imposés sur le rolle fait pour le paiement du prix de l'adjudication de la reconstruction du presbytère de la paroisse de Stains, pour raison des terres qu'ils possèdent dans les cantons de la Noue-Profonde, sous les Vignes-Blanches, ruelle aux Vaches, Malassis, le Grand-Pré, le haut et bas Mollin, le canton du Colombier et les cantons dits Villeneuve, les Bismes, grand et petit Marais, qui sont du territoire de Pierrefitte et non de celui de Stains, ainsy qu'il se justifie par la transaction passée le 31 octobre 1710 entre les sieurs religieux de l'abbaye de Saint-Denis, Nicolas Gillet, leur fermier, habitant de ladite paroisse de Pierrefitte et les habitans dudit lieu représentés par Christophe Châtenay, leur sindic, d'une part, et les habitants de Stains, d'autre part, notre ordonnance du 29 août dernier, portante qu'elle seroit communiquée aux habitans de ladite paroisse de Stains, l'acte d'assemblée des habitans, du 21 septembre suivant, par lequel ils disent que ladite transaction du 31 octobre 1710 n'a d'autre objet que de régler les habitans de Stains avec ceux de Pierrefitte pour raison de la taille, qu'une autre transaction passée en 1703 entre les seigneurs décide que lesdits cantons sont du terroir de Stains et que celle de 1710 n'est pas passée avec les seigneurs de Stains et qu'il n'y ont point parlé; que les habitans de Stains, relativement à la taille ont pu faire telles conventions qu'ils ont jugé à propos sans pouvoir altérer le droit du seigneur ny y donner aucune atteinte;

Le mémoire des habitants de ladite paroisse de Pierrefite servant de réponse à l'acte d'assemblée des habitans de ladite paroisse de Stains, par lequel il est dit que la transaction de 1710 porte expressément que lesdits cantons sont et demeureront terroir et pâturages de Pierrefitte et que les lieux seront bornés à frais communs, et que, par conséquent, lesdits cantons ont été de tout temps du terroir de Pierrefitte; que d'ailleurs, par la transaction de 1703, les dames de Saint-Cyr et les religieux de Saint-Denis, seigneurs de Pierrefitte, ont cédé et abandonné au sieur Félix, seigneur de Stains, leur justice, directe seulement, qu'ils possedoient sur ces cantons, et ledit sieur Félix, de sa part, leur a ceddé plusieurs droits à luy apartenans sur les cantons de sa seigneurie; qu'il n'y est point parlé de bornage, mais de limittes de ces cantons pour raison de la justice directe ceddée et qu'il y est précisément dit: sauf auxdits habitans de Pierrefitte et de Stains de régler entre eux les limites et partage de leur terroir, ce qu'ils ont fait par la transaction de 1710; qu'il n'étoit pas nécessaire que ladite transaction fût passée en présence desdits seigneurs puisque par celle de 1703 il est dit: « pour le seigneur, sauf aux habitans... »; que, par conséquent, leur présence et consentement n'y étoit pas nécessaire; que d'ailleurs, il est aussy deffendu par ladite transaction de 1710 aux habitans de Stains de faire aucun pâturage, fourrage ny charonnage sur lesdits cantons cy-dessus dénommés apartenans et etans du terroir de Pierrefitte;

Notre ordonnance du 3 février dernier, portant que, sans avoir égard aux réponses des habitans de la paroisse de Stains les cottes des sommes auxquelles les habitans de la paroisse de Pierrefitte et autres possesseurs et pro priétaires de biens situés dans les cantons de la Noué-Profonde, sous les Vignes Blanches, ruelle aux Vaches, Mallassis, le Grand Pré, le haut et bas Moulin, le canton du Colombier et les cantons dits Villeneuve, les Bismes, grand et petit Marais, sont imposés au rolle fait pour la reconstruction du presbitère de la paroisse de Stains, seront rayées et biffées d'iceluy et que les sommes par eux payées au préposé au recouvrement dudit rolle leur seront rendues et restituées comme ayant été indûment perçues, et ce en présence du sieur Ragot, subdélégué à Saint-Denis... 1.

Au début de l'acte que l'on vient de lire est mentionné le *syndic* de la paroisse. L'institution du syndic existait dans les villages depuis le règne de Louis XIV ; la Révolution l'a remplacée par celle du maire, en lui donnant des attributions beaucoup plus étendues ; le syndic n'avait guère sous l'ancien régime qu'à administrer, avec le concours des habitants, les biens communaux, lorsque la paroisse en possédait, et à veiller à ce que les impositions de tout genre qui pesaient sur les « taillables et corvéables » fussent exactement acquittées. On ignore la date exacte de la création d'une charge de syndic à Pierrefitte.

Lorsque les États généraux furent convoqués à Versailles en 1789 et que toutes les paroisses du royaume durent rédiger, pour les leur soumettre, les cahiers de leur doléances, il ne paraît pas que les vignerons de Pierrefitte se soient préoccupés d'exprimer par écrit leurs propres vœux de réforme ; ils en laissèrent le soin au possesseur d'un fief ignoré du bourg, Jean-Baptiste Lardier, écuyer, vétéran de la Maison militaire du Roi, qui se disait pompeusement « seigneur haut justicier territorial du fief Saint-Gervais de Pierrefitte près Saint-Denis en France ». Les réflexions qu'il présenta aux États généraux sont fort sensées pour l'époque ; en voici quelques passages :

- Il n'y a pas de vicaire à Pierrefitte ; jamais village n'en fut plus susceptible ; il est nécessaire d'en ordonner un à la charge des gros décimateurs attendu que la paroisse contient 500 communiants ; on dit même qu'il y a un règlement à ce sujet. Il y a un logement pour un vicaire à Pierrefitte, ou il y en avait un jadis...

- Nul secours pour les malades ou blessés de Pierrefitte et étrangers, où les accidents se multiplient par la continuité des voitures. Lorsque le procureur fiscal envoie un blessé à l'Hôtel-Dieu de Paris, faute de pansement il meurt, comme cela est arrivé, avant d'entrer dans Paris. Cependant, il est constant que Messieurs de Saint-Denis, dont le prieur se dit premier administrateur de ladite ville, possèdent au village de Pierrefitte le tiers du sol du territoire, et comme il y a audit lieu une maladrerie dotée par fondation royale de 80 livres de revenu, prix très haut pour le temps, payable par le grand aumônier, n'est-il pas désirable que l'Hôtel-Dieu de Saint-Denis soit tenu de recevoir les malades et blessés du village de Pierrefitte, résidants comme étrangers ?

1. *Archives nationales, S 2.262;* original.

Il y a quatre fiefs à Pierrefitte, dont un seul a haute justice et seul a droit
d'avoir un colombier à pied, rond, rempli de boulyas; les autres n'ont que des
volets en petite fuye...

Près et au-dessus de Pierrefitte, le bois appelé de Richebourg appartenant
en usufruit à Mme de la Rochefoucauld et en propriété à M. Chevadon, son fils,
officier de cavalerie, en est plein (de lapins). Il serait nécessaire de les détruire,
même entièrement, à moins que le propriétaire ne préférât de faire clore tota-
lement le bois par un mur de 8 à 9 pieds, dont il y en aurait 4 pieds au moins
en fondations car ils ruinent les blés, les vignes et toutes les denrées de Pierrefitte et Maugarny... 1.

Les événements solennels de la fin du siècle et du commencement du siècle suivant n'ont pas laissé une trace bien profonde
dans les annales du bourg. Chef-lieu de canton dès 1790, il eut,
en vertu de la Constitution de l'an III, l'avantage envié d'être le
siège de l'administration cantonale des communes voisines jusqu'à
l'an IX.

Un homme y mourut, au mois de mars 1810, qui, après avoir
joué un rôle actif dans l'histoire du pays, quelques années auparavant, était venu y vivre dans la retraite la plus silencieuse: Jean-François-Auguste Moulins, né à Caen, le 14 mars 1752, avait gagné le
grade de général de brigade en 1793 sur les champs de bataille de
la Vendée. Général en chef quatre ans plus tard, il fut nommé l'un
des cinq Directeurs en remplacement de La Réveillère-Lepeaux.
Moulins eut l'honneur de s'opposer avec la dernière énergie à
l'attentat du 18 brumaire; Bonaparte redouta à ce point l'effet de la
protestation indignée qu'il n'eût pas manqué de faire entendre, qu'il
envoya le général Moreau le garder à vue au Luxembourg avec
300 hommes, tandis que la violation du gouvernement républicain
se consommait à Saint-Cloud.

Plus tard, durant les grandes guerres de l'Empire, Moulins
pensa qu'il manquerait de patriotisme s'il laissait son épée se rouiller
au fourreau; il reprit du service en 1807, mais pour peu de temps.
Son acte de décès, enregistré à la mairie, est ainsi conçu:

L'an dix huit cent dix, le treize mars, dix heures du matin, par devant
nous Charles-Albert-Joseph Defauconpret, maire de la commune de Pierrefitte
et officier de l'état-civil de ladite commune, canton de Saint-Denis, département
de la Seine, est comparu le sieur Jean Hugon, valet de chambre de M. le général
Moulin 2 cy-après dénommé et qualifié, ledit sieur Hugon demeurant à Pierre-

1. *Archives Parlementaires*, tome V, pages 17-21.
2. Telle est l'orthographe adoptée à Pierrefitte du nom du général, que, partout ailleurs, on écrit Moulins.

fitte en la maison du général 1, lequel nous a déclaré que le jour d'hyer, heure de midi, est décédé en sa maison sise en cette commune, grande rue dudit lieu, M. Jean-François-Auguste Moulin, époux de dame Marie Martin, général de division, officier de la la légion d'honneur, commandeur de l'ordre militaire de Maximilien-Joseph de Bavière, baron de l'Empire, âgé de cinquante-huit ans; ladite déclaration faite en présence des sieurs René-Victoire-François Guyet, propriétaire, demeurant à Pierrefitte, âgé de soixante ans, et Barthélemy Imbert, demeurant aussi à Pierrefitte, âgé de cinquante-deux ans, tous deux amis du deffunt. Et ont les déclarant et témoins signé avec nous le présent acte de décès, après qu'il leur en a été fait lecture.

Le tombeau de Moulins, au cimetière de Pierrefitte, est très simple; il porte ces mots: « A la mémoire du général Moulin ».

En 1896, le Conseil municipal a donné à une rue de la commune, — une partie de la rue Reboussin, — le nom de rue du Général-Moulin.

Les invasions de 1814 et 1815 produisirent à Perrefitte des ravages qui furent évalués à 226.000 francs. Les archives de la commune furent détruites, à l'exception des actes d'état civil.

Le 16 septembre 1830, le Conseil municipal se réunit pour prêter serment au gouvernement de Juillet. Le maire, M. Lejeune, dit que le pouvoir précédent, auquel ses collègues avaient juré obéissance et fidélité, les avait déliés de leurs engagements « par des actes qui ont amené la catastrophe dont nous venons d'être témoins... Le roi Louis-Philippe a sacrifié son repos au salut de la patrie ; il a juré de gouverner par les lois et selon les lois... »

En revanche, l'avénement de la République de 1848 n'a laissé aucune trace dans les délibérations municipales, non plus que le coup d'État de 1851 ; la proclamation de l'Empire fut faite aux habitants, du haut du balcon de la mairie, le 5 décembre 1852 ; rien n'indique qu'elle ait été accueillie avec enthousiasme.

Nous arrivons à l'année terrible. Après avoir voté, le 26 juillet 1870, la création d'une « caisse de famille de la commune » au profit des enfants de Pierrefitte partis à la frontière, le Conseil se réunit pour la dernière fois à la mairie, le 2 septembre. Il ne fut pas convoqué pour acclamer, au lendemain du 4 septembre, le régime de liberté que la nation venait de se donner afin de réparer à elle seule les fautes de l'empire. Déjà l'ennemi approchait: le 16 septembre, toute la population était réfugiée à Paris, à l'exception de deux pauvres vieillards non transportables et qui restèrent à la garde

1. Située rue de Paris, 22.

du hasard. Le lendemain, le Conseil siégeait à Paris, dans un local improvisé, boulevard Saint-Denis, 9. Le surlendemain 19, les Prussiens s'emparaient du bourg après une courte lutte et y établissaient des batteries qui n'en furent pas délogées de toute la campagne. Il n'y eut pas de combat sur le territoire même de Pierrefitte, mais, du 20 au 28 janvier, ces batteries échangèrent sans relâche des obus avec les forts de Saint-Denis, dont les projectiles causèrent aux monuments et maisons du pays des dégâts qu'une estimation ultérieure a évalués à 1.549.250 francs, et sur lesquels l'État n'a pu allouer que 450.000 francs environ. L'occupation étrangère dura jusqu'au mois de décembre 1871. L'importance stratégique de la colline qui domine Pierrefitte a déterminé le génie militaire à y installer un fort, dit de la Butte-Pinson, destiné à défendre toute la plaine. Une pyramide a été élevée dans le cimetière communal à la mémoire des soldats morts pour la patrie en 1870-1871.

II. — MODIFICATIONS TERRITORIALES ET ADMINISTRATIVES

Le territoire de Pierrefitte a encore aujourd'hui les limites qu'il avait avant la Révolution, et que, au moins du côté de Stains, l'ordonnance citée plus haut de l'Intendant de Paris lui avait assignées en 1757. Presque partout, sauf de ce côté où la ligne de séparation est en partie formée par le chemin des Fourches, ces limites sont idéales, c'est-à-dire qu'entre Saint-Denis, Villetaneuse, Montmagny et Sarcelles, elles sont établies à travers champ, et par suite d'une constatation assez difficile.

La loi de 1790 fit de Pierrefitte un chef-lieu de canton composé de Pierrefitte, Épinay, Villetaneuse, Stains, le Bourget, Dugny, Drancy et Bobigny. Dès le 4 mars 1790, le corps municipal adressa une pétition à l'Assemblée Constituante afin d'obtenir la création d'un tribunal de justice à Saint-Denis : il s'agissait, pour les cultivateurs, d'éviter la perte de temps d'une journée absorbée pour un voyage à Paris, alors que le voyage de Saint-Denis ne demandait que deux heures en tout ; on faisait valoir, en outre, l'utilité du rapprochement de la justice et des justiciables pour une connaissance plus complète des intérêts respectifs ; ce vœu ne fut pas réalisé.

Lorsque en vertu de la Constitution de l'an III, Saint-Denis forma à lui seul un canton, deux des communes qui s'y rattachaient jusque-là, la Courneuve et l'Ile Saint-Denis, furent annexées au canton de Pierrefitte.

En l'an V, l'agent municipal de Stains, le citoyen Veilly, fit parvenir au Conseil des Anciens une requête demandant « le changement du chef-lieu de canton de Pierrefitte pour être placé à Stains comme étant la commune la plus centrale et la plus forte en population ». Cette requête fut transmise, le 24 brumaire (14 novembre 1796), « au Directoire exécutif, pour la vérification des faits », mais Pierrefitte resta le chef-lieu de canton.

Il en fut dépossédé par l'arrêté consulaire du 25 fructidor an IX, qui réduisait de seize à huit le nombre des divisions cantonales. Pierrefitte devint alors une commune du canton de Saint-Denis, et demeura telle jusqu'à ce que la loi du 12 avril 1893 l'eût rattachée au canton d'Aubervilliers, avec les communes de la Courneuve, Dugny, Stains et Villetaneuse.

III. — ANNALES ADMINISTRATIVES. — LISTE DES MAIRES.

En 1816, le budget des dépenses de la commune était prévu pour une somme de 627 fr. 38 centimes. Cinquante ans plus tard, il s'élevait à 19.533 fr. 23 centimes et les recettes atteignaient le chiffre de 17.635 francs.

1827. — Acquisition d'un nouveau cimetière dans la partie nord de la commune, au lieu dit les Carrières, d'une contenance de dix ares, au prix de 1500 francs. Cet enclos fut agrandi une première fois en 1865 ; l'ancien cimetière, qui datait de 1786, fut aliéné en 1839.

1831. — Création d'une école communale de filles.

1833. — Acquisition par la commune d'une maison destinée à recevoir la mairie et les écoles.

1837. — Construction d'une fontaine publique.

1838. — Établissement du chemin de grande communication de Pierrefitte à Stains.

1840. — Ouverture d'un bureau pour la poste aux lettres.

1844 (12 février). — Le Conseil, informé par le maire que la Compagnie du chemin de fer de Paris en Belgique (par Pontoise) se propose d'établir une station à Saint-Denis à la maison de Seine (emplacement de la gare actuelle de Saint-Denis) délibère que la station établie sur ce point ne sera d'aucune utilité, et émet le vœu qu'elle soit établie sur la place aux Gueldres.

1845-1846. — Construction des écoles [1].

1846 (7 mai). — Délibération municipale relative au projet de construction d'une ligne de chemin de fer de Paris à Louvres. Le Conseil repousse le projet en alléguant que la ligne en question ne rendrait aucun service, les localités desservies étant trop voisines de Paris, mais qu'en revanche elle apporterait un grand trouble dans les habitudes de travail des habitants, auxquels elle enlèverait 180 hectares de terres de première classe. Subsidiairement, le Conseil observa que le prix de 8.000 francs l'hectare pour l'acquisition de ces terrains devrait être presque doublé, et il ajouta que si, en dépit de sa très vive opposition, la voie ferrée était créée, il réclamait une station à Pierrefitte, et de plus un chemin de terre parallèle à la ligne et la longeant des deux côtés.

1848-1849. — Construction de la mairie et de la salle d'asile.

1850. — Fondation de la communauté des Sœurs de la Providence.

1851. — Établissement du chemin de grande communication de Pierrefitte à Villetaneuse.

1853. — Rétablissement de la fontaine et du lavoir.

1856 (12 juin). — Délibération relative à l'établissement d'une station à Pierrefitte sur la ligne de Paris à Creil: le Conseil demande que tous les trains omnibus s'y arrêtent et que, dans l'impossibilité où l'on est de lui donner le nom des « onze commu-

---

1. Dans ses *Documents... sur la commune de Pierrefitte*, feu M. Lejeune dit que dans la classe des garçons fut apposée une table de marbre portant l'inscription suivante:

BIENFAITEURS DES ÉCOLES
FAMILLE AUDENET
L'ABBÉ GIROLLET
Mlle REBOUSSIN

Ces écoles, construites sur les plans de l'architecte Lequeux, et ayant coûté environ 30.450 francs étaient situées rue Briais et servent maintenant d'école de filles. Elles furent inaugurées, le 5 juillet 1846, en présence, — dit le registre des délibérations — « d'un immense concours de citoyens appartenant à l'administration, à la garde nationale ou à la commune ».

nes » qu'elle est appelée à desservir, elle porte celui de Pierrefitte, sur le territoire de laquelle elle est située, la commune de Stains ne venant qu'en second lieu dans l'ordre alphabétique comme dans celui de la situation et de l'importance.

1857 (22 octobre). — Consécration de la nouvelle église par l'archevêque de Paris.

1861 (17 juin). — Bénédiction, par l'archevêque de Paris, du Calvaire réédifié à l'angle du boulevard de la station et de la rue Gloriette.

1892 (26 novembre). — Délibération du Conseil municipal prescrivant l'enlèvement du Calvaire de la rue Gloriette. La translation dans le jardin du presbytère fut opérée le 18 février suivant, à 7 heures du matin.

1896 (26 septembre). — Délibération municipale donnant à certaines voies urbaines de nouvelles dénominations (celles qui consacrent des souvenirs historiques ont été autorisés par décret du 24 octobre suivant) :

NOMS ANCIENS	NOMS NOUVEAUX
Chemin des Vignes-Blanches.	Rue Audenet 1.
Rue Reboussin (partiellement).	Rue du Général-Moulin 2.
Ruelle derrière les Jardins	Rue Jacques-Petit 3.
Chemin de Villetaneuse	Avenue de Villetaneuse.
Chemin de Montmagny.	Avenue de la République.
Route stratégique	Rue de la Butte-Pinson.

1. Jean Audenet, bienfaiteur de la commune, maire de Pierrrefitte de 1816 à 1829.

2. Voir ci-dessus, page 14.

3. « Ce village (Pierrefitte), dit l'abbé Lebeuf dans son *Histoire du diocèse de Paris* (t. I, p. 585 de la dernière édition), donna naissance dans le siècle dernier à un homme mémorable. C'est Jacques Petit, premier chirurgien de l'Hôtel-Dieu de Paris. Il y vint au monde vers l'an 1611. Etant entré à l'Hôtel-Dieu, à l'âge de treize ans, il ne cessa d'y travailler à la cure des malades jusqu'à l'âge de 97 ans, et, quoique fort connu dans le monde par son extrême habileté, il préféra l'utilité des pauvres à son propre avantage, et ne voulut jamais cesser de rendre ses services à cette maison, tant que ses forces le lui permirent. Il mourut le 22 août 1708. »

DEFAUCONPRET DES VIEUX-BANCS, Charles-Albert-Joseph, 12 floréal an VIII-1816; mort le 24 décembre 1817.

AUDENET, Jean, 8 avril 1816-18 mai 1829; mort le 15 mai 1835.

LEJEUNE, Louis-Ange, 18 mai 1829-14 septembre 1870. Démissionnaire mort à Pierrefitte le 15 octobre 1883, à l'âge de 82 ans.

CHEVALLIER, Urbain-Philippe, faisant fonctions de maire pendant la guerre franco-allemande.

BUFFAULT, Louis-Joseph, 5 avril 1871 (arrêté daté de Versailles, signé Jules Ferry, maire de Paris, administrateur du département de la Seine); réélu le 13 août suivant.

CHEVALLIER, Urbain-Philippe, élu, 21 janvier 1878.

FADIN, Louis-Philippe, élu 6 septembre 1880. Réélu, 22 janvier 1881.

LÉGUILLIER, Victor-Étienne, élu 27 mars 1881. Réélu, 17 mai 1884, 20 mai 1888, 15 mai 1892; démissionnaire le 27 novembre 1892.

TULEU, Louis, élu, 10 décembre 1892, réélu, 16 mai 1896.

IV. — ÉDIFICES PUBLICS.

Mairie.— La construction de la mairie actuelle, sur l'emplacement de l'ancienne classe des filles, de la salle d'asile et du corps de garde, qui tombaient en ruines, fut décidée par une délibération municipale du 16 mai 1846. M. Lequeux, architecte de l'arrondissement, en dressa les plans et devis. La pose de la première pierre eut lieu le 11 octobre 1848, en présence du Maire et du Conseil.

Église.— L'ancienne église, sous le vocable de Saint-Gervais et Saint-Protais, avait été construite à la fin du XVIe siècle. Au commencement du nôtre, le temps et les guerres l'avaient déjà fort délabrée; en 1818, le Conseil votait un crédit de 2.098 fr. 74 centimes pour les réparations urgentes; en 1830, il constatait la nécessité d'autres réparations, notamment au clocher, et la réfection de la plupart des vitraux, le tout devant coûter 1.995 francs, que la commune était hors d'état de payer, « en raison des mauvaises récoltes des deux années précédentes et du bas prix des vins, qui forment le principal revenu des habitants... »

Une reconstruction totale fut décidée quelques années plus tard, et la première pierre du nouvel édifice posée en 1856. Le style en est roman; c'est aussi M. Lequeux qui en avait dessiné le plan. Lors de la consécration solennelle qui fut faite, le 22 octobre 1857, par le cardinal Morlot, archevêque de Paris, le maire fit l'historique rapide du bâtiment qui allait être livré au culte. Sur son emplacement, dit-il, existaient « d'informes constructions composant l'église, le presbytère et une maison particulière » et menaçant ruine. La commune s'est imposée le plus qu'elle a pu, et la population a fourni spontanément près de 15.000 francs. Le 4 juin 1856, on officiait pour la dernière fois dans l'ancien bâtiment; le lendemain, on y portait la hache; le 27 juillet, était posée la première pierre et le 31 octobre, la construction était couverte.

La beauté du monument se ressent sans doute un peu de cette hâte, et aussi de la somme relativement faible qui put être dépensée. Ce qu'il offre de plus remarquable est la toile marouflée de l'hémicycle, représentant le Christ et les martyrs, et qui est l'œuvre de Timbal (1859).

BIBLIOGRAPHIE

L'abbé Lebeuf, *Histoire du diocèse de Paris*, tome I, pages 583-585 de l'édition de 1883.

Documents historiques, topographiques, administratifs et statistiques sur la commune de Pierrefitte (Seine), recueillis par M. Lejeune, maire, en 1854. Saint-Denis, typographie Drouard, 1854 in-8 [1] ; 64 pages.

Cérémonie de la consécration de l'église de Pierrefitte (Seine), le 22 octobre 1857. Paris, impr. Chaix, in-8; 7 pages.

Bénédiction du Calvaire de Pierrefitte, 17 juin 1861. Saint-Denis, impr. Moulin, in-8; 4 pages.

Fernand Bournon

---

[1]. La mairie de Pierrefitte possède un exemplaire manuscrit, calligraphié, de ce travail, enrichi de gravures, de dessins et de documents originaux et où la relation des événements historiques est continuée jusqu'à la guerre de 1870-1871 inclusivement. Il semble que lorsqu'il entreprit ce travail, en 1854, M. Lejeune ait eu la préoccupation de répondre à un questionnaire émané de l'autorité préfectorale, et d'ailleurs, le préfet Haussmann, dans une lettre de remerciements à l'auteur (p. IV de la brochure), déclarait son désir de demander à tous les maires du département un *compendium* semblable et de les encourager à sa rédaction par un avis inséré au *Recueil des actes administratifs*.

RENSEIGNEMENTS

ADMINISTRATIFS

I. — TOPOGRAPHIE, DÉMOGRAPHIE ET FINANCES

§ I. — TERRITOIRE ET DOMAINE

A. — TERRITOIRE

Nom. — Pierrefitte.

Dénomination des habitants. — Pierrefittois.

Armoiries. — Néant.

Limites du territoire. — La commune de Pierrefitte est bornée :
Au Nord, par Sarcelles, localité faisant partie du département de Seine-et-Oise ;
A l'Est, par Stains ;
Au Sud, par Saint-Denis ;
A l'Ouest, par Villetaneuse (Seine) et par Montmagny, commune dépendant du département de Seine-et-Oise.

Quartiers, hameaux, écarts. — Le Petit-Pierrefitte, aussi appelé la Nouvelle-Calédonie, est un groupe très compact d'habitations qui ont été construites depuis les événements de 1870-1871, au sud du territoire de Pierrefitte et au nord de Saint-Denis, de chaque côté de la route nationale n° 1, au lieu dit les Joncherolles. La population de ce hameau est presque entièrement composée d'ouvriers des usines de Saint-Denis.

Il tend à se former aux abords de la gare, qui est la plus importante de la ligne au point de vue du transit, une agglomération reliée au centre du pays par les constructions ininterrompues du boulevard de la Station.

Lieux dits. — Les Caves ou Moreau Fontaine, le Barrage ou les Fortes Terres, le Trou Renard, les Rosaires, l'Orme Bouchard, les Carrières, les Platrières, Vignes Blanches, le faîte des Abbayes, le Mirlamparle, les longues Pièces, les Charpies, le Taillefer, les Basses Terres, les Patis, la Fontaine rosée, les Cordelières, le Clos, les Échalots ou Moutonnes, les blancs Chandins, les Sablons, les Joncherolles, la Pierre aux Chats, les Tartres, Les Liziards, les Rouges Monts, les Malassis, le Chemin des Postes, le Chemin Neuf, le Mauvais Trou, les Cailloux, Montains, le Colombier, le Vieux Moulin.

Superficie de la commune. — La superficie actuelle du territoire est de 343 hectares, 56 ares, dont :

Propriétés bâties	7 h. 85 a. 30 c.
Propriétés non bâties . . .	335 h. 70 a. 70 c.
Total égal	343 h. 56 a. » c.

Arrondissement. — Saint-Denis.

Canton. — Aubervilliers.

Circonscription électorale pour l'élection des députés. — Deuxième circonscription de l'arrondissement de Saint-Denis.

Sectionnement électoral. — Pas de sectionnement.

Bureau de vote. — Un seul bureau de vote, à la Mairie.

Circonscription judiciaire. — Justice de paix de Saint-Denis.

Circonscription de commissariat. — Commissariat de police de Saint-Denis (Nord).

Orographie. — Point le plus haut au-dessus du niveau de la mer : 95^m (au lieu dit: l'Orme Bouchard).

Point le plus bas : 40^m (au lieu dit: les Rouges Monts).

Hydrographie. — Le ru des Joncherolles [1] part de la rivière du Rouillon, sur le territoire de Saint-Denis, et se perd à Pierrefitte, au Sentier des Joncs (chemin rural n° 24); son parcours total est de 1.750 mètres.

Le ru des Liziards commence au ru des Joncherolles et se termine au chemin vicinal n° 3, dit d'Amiens, après avoir parcouru le territoire sur une longueur de 969 mètres.

B. — DOMAINE

Mairie. — La mairie, bâtiment construit sur plan rectangulaire, est divisée en trois travées dont les ouvertures sont également rectangulaires, sauf celle de la porte d'entrée qui est en plein-cintre. D'aspect simple, mais d'un style approprié à sa destination, cet édifice est situé rue de Paris, à l'angle de la rue Briais.

Le terrain, sur lequel s'élève l'édifice, est d'une contenance de 2 ares.

Le bâtiment, construit en 1848 et 1849, sous l'administration de M. Lejeune, maire de Pierrefitte, a coûté, avec l'achat du terrain, la somme de 29.672 fr. 70.

[1]

DÉSIGNATION des COURS D'EAU	LOCALITÉS du département situées SUR LES COURS D'EAU	LIMITES dans le département DES COURS D'EAU ou de leurs sections		LONGUEURS comprises dans le DÉPARTEMENT		LARGEUR MOYENNE des cours d'eau ou de leurs sections	PENTE TOTALE par cours d'eau ou par section	SURFACE DU VERSANT de chaque cours d'eau dans le DÉPARTEMENT
		A L'AVAL	A L'AMONT	PAR SECTION	PAR COURS D'EAU			
				mèt.	mèt.	mèt.	mèt.	mèt.
Ru des Joncherolles........	St-Denis Pierrefitte.	Rivière du Rouillon ...	Pierrefitte...	1.750	1.750	2	11.10	337
Ru des Liziards	Pierrefitte.	Ru des Joncherolles...	Chemin d'Amiens ..	969	969	1	4.50	37

DÉSIGNATION des COURS D'EAU	VOLUME PAR SECONDE		
	DES EAUX ORDINAIRES	DES EAUX D'ÉTIAGE	DES GRANDES EAUX
	mèt. cub.	mèt. cub.	mèt. cub.
Ru des Joncherolles.............	0.005	0.004	0.015
Ru des Liziards	0.0005	à sec	0.001

La mairie comprend actuellement :

Au rez-de-chaussée, à droite, un ancien corps de garde; à gauche, le logement du concierge.

Au 1er étage, le bureau du maire, le bureau du secrétaire de la mairie, la salle du Conseil et la salle des mariages.

Écoles. — La commune possède deux écoles: 1º une école de filles, située rue Briais, nº 1, bâtie en 1846, sur un terrain d'une contenance de 2 ares 07, a coûté 42.953 fr. 97, dont 12.500 francs pour l'achat du terrain et 30.453 fr. 97 pour les constructions; 2º une école de garçons et une classe enfantine, construites en 1882-1883, sur un terrain d'une contenance de 64 ares, situé place des Écoles, au prix de 179.644 fr. 69, savoir:

Terrain.	59.533 fr. 83
Constructions	120.110 fr. 86

Église. — L'église (Saint-Gervais et Saint-Protais) est située rue de Paris; bâtie en 1856-1857, sur un terrain d'une superficie de 389 mètres, elle appartient à la commune.

Temple. — Néant.

Synagogue. — Néant.

Presbytère. — Le presbytère, contigu à l'église, est situé ruelle de l'Église. Construit en 1857, sur un terrain de 156 mètres, il a coûté 17.481 fr. 02. Il appartient à la commune.

Cimetière. — Le cimetière est situé avenue du Nord (Route nationale nº 1, de Paris à Calais), à 350 mètres environ de la mairie, au Nord de la commune. Son ouverture donna lieu à une première acquisition de terrain, remontant au 13 janvier 1828; la commune n'acheta, à ce moment, que 10 ares 23 centiares, au prix de 1.500 fr. La première clôture a coûté 3.710 fr. 50.

Le 5 août 1840, une donation de Mlle Reboussin permit d'augmenter de 22 ares 39 centiares ce lieu de sépulture. Les travaux de clôture de cet agrandissement coûtèrent 2.037 francs.

En 1892, une acquisition, faite au prix de 751 fr. 58, d'un terrain de 5 ares 68 centiares et une incorporation de 247 mètres carrés, appartenant à la commune, donnèrent au cimetière sa superficie actuelle. La dépense d'extension des murs d'enceinte s'éleva à 3.360 francs.

Il existe un caveau provisoire, depuis le mois d'octobre 1865; il résulte d'une donation.

Tombes militaires. — Une pyramide de 3 mètres de hauteur dédiée « aux victimes de la guerre » et contenant les restes de sept soldats français s'élève au cimetière. C'est un monument en roche d'Euville avec pilastres et chaînes en fonte. Sa construction qui date de 1888, a coûté 893 francs. Le terrain a 12 mètres de superficie.

Un terrain, également situé dans le cimetière et clos d'une grille, a reçu les corps de treize soldats allemands.

Morgue. — Néant.

Hospice. — Néant.

Hôpital. — Néant.

Crèche. — Néant.

Dispensaire. — Néant.

Fourneau économique. — Néant.

Théâtre. — Néant.

Abattoir. — Pas d'abattoir public, mais 4 tueries particulières chez 2 bouchers et 2 charcutiers de la localité.

Fourrière. — Néant

Terrains communaux. — La contenance totale des terrains communaux est de 6 hectares 97 ares 66 centiares se détaillant ainsi :

Terrains donnés en location.   5 h. 79 a. 87 c.
Sol occupé par les bâtiments
communaux. . . . .   1 h. 17 a. 79 c.

Fort. — Néant.

§ II. — DÉMOGRAPHIE

A. POPULATION

Les dénombrements, faits depuis 1801, donnent les résultats
suivants :

1801	684 (1)
1817	698
1831	812
1836	789
1841	827
1846	813
1851	808
1856	829
1861	915
1866	1.075
1872	1.157
1876	1.151
1881	1.346
1886	1.609
1891	1.800
1896	2.468

Le chiffre de la population de la commune a donc presque
quadruplé depuis le commencement du siècle.

Les tableaux dressés à la suite du dernier recensement contien-
nent les renseignements suivants :

Population *résidente* : 2.468.

Résidents présents	2.379	
— absents	59	2.468 habitants.
Population comptée à part	30	

La population *recensée comme présente* le 29 mars 1896 se
décompose ainsi :

1 Un siècle auparavant, en 1709, lors du dénombrement par *feux* des
paroisses de la Généralité de Paris, la population de Pierrefitte ne comptait
que 94 habitants, c'est-à-dire moins du septième du chiffre constaté en 1801.
(Mémoire de la Généralité de Paris pour l'instruction du duc de Bourgogne),
dans la Collection des documents inédits ; — publié par M. de Boislisle).

	ENFANTS ou célibataires	MARIÉS	VEUFS	DIVORCÉS	TOTAL
Hommes..............	618	551	52	5	1.226
Femmes	490	548	150	5	1.193
	1.108	1.099	202	10	2.419

La population de Pierrefitte, au point de vue de la provenance, se divise ainsi :

18/24ᵉˢ d'habitants venus de divers points de la France ;
5/24ᵉˢ d'habitants nés à Pierrefitte ;
1/24ᵉˢ d'Alsaciens et d'étrangers.

Le classement de cette population par nationalité est résumé dans le tableau suivant :

		HOMMES	FEMMES	TOTAL
Français	Nés de parents français.............	1.172	1.134	2.306
	Naturalisés...................... ..	20	39	59
Étrangers	Allemands.......................	3	4	7
	Autrichien......................	1	»	1
	Belges.........................	20	12	32
	Hollandais......................	1	»	1
	Italiens........................	4	»	4
	Suisses.......	5	4	9
		1.226	1.193	2.419

Les départements de la France qui fournissent à la commune le plus fort contingent sont :

Seine (non compris Pierrefitte) . . . . 629 habitants.
Seine-et-Oise . . . . 197 —
Oise . . . . 98 —
Yonne . . . . 85 —
Somme. . . . . 65 —
Seine-et-Marne . . . . 61 —
Meuse. . . . . 56 —
Aisne. . . . . 52 —
Nord . . . . 48 —

En résumé, la population de Pierrefitte est ainsi répartie d'après le lieu de naissance :

Français . . . . 2.365 dont . . . . 546 nés dans la commune.
Étrangers. . . . 54 dont . . . . 2 —
Soit un total de . . 2.419 habitants, dont 548 nés dans la commune.

Dans l'année 1895, l'état civil a enregistré :

44 naissances;
54 décès;
20 mariages;
» divorces.

B. — HABITATIONS

Nombre de maisons :

Habitations composées d'un rez-de-chaussée 92
— d'un étage 235
— de deux étages 51
— de trois étages ou plus 5
Total. 383
dont . . . . 383 occupées.
et. . . . . — vacantes.
Nombres de logements : 717, occupés par . . . 105 isolés.
et . . . . 612 familles.
32 ateliers.
47 magasins ou boutiques.

C. — DIVERS

Électeurs inscrits en 1896. — 626.

Recrutement. — 12 conscrits ont tiré au sort en 1896.

Chevaux. — 143 chevaux, appartenant à 88 propriétaires :

Chevaux entiers . . 46 dont 7 au-dessous de 6 ans et 39 au-dessus
Chevaux hongres. . 75 dont 6 — 69 —
Juments. . . . . . . 22 dont 2 — 20 —
Totaux . . . . . . 143 — 15 — 128 —

Voitures. — 86 voitures, appartenant à 86 propriétaires :

65 à 2 roues, attelées de 1 cheval
3 — — de 2 chevaux
10 à 4 roues, attelées de 1 cheval
8 — — de 2 chevaux
Total . . . 86

§ III. — FINANCES

A. — CONTRIBUTIONS

Principal des contributions directes en 1896 :

Contribution foncière	6.869 »
Contribution personnelle et mobilière.	5.972 »
— des portes et fenêtres . . . . : . .	2.883 »
— des patentes	2.965,23
Total	18.689,23

Perception des contributions.— La commune dépend de la perception de Saint-Denis. Le percepteur de cette circonscription se rend à la mairie de Pierrefitte le 1er jeudi de chaque mois, de 11 heures du matin à 3 heures du soir.

B. — OCTROI

Pas d'octroi dans la commune.

C. — FINANCES COMMUNALES

Recettes ordinaires d'après le compte de 1895.	34.843,90
— extraordinaires — — .	4.337,41
Total.	39.181,31 [1]
Dépenses ordinaires d'après le compte de 1895.	31.353,45 [2]
— extraordinaires — — .	3.668,31 [2]
Total.	35.021,76 [3]

Les dépenses se répartissent entre les principaux services de la façon suivante :

1° Dépenses d'administration . . .	7.066	»
2° Voirie.	11.377	»
3° Bienfaisance.	1.210	»
4° Enseignement.	4.295	»
5° Dépenses diverses	6.372	»

1. Ces recettes constituent les ressources normales de la commune.

2. Non compris les restes à payer devant figurer au compte administratif de l'année suivante.

3. Ce total représente les dépenses normales de la commune.

Emprunts. — Un emprunt, de 46.000 francs, pour construction d'école a été contracté à la Caisse des lycées et collèges ; il est remboursable en 19 annuités à partir du 5 novembre 1883, date du premier versement, au moyen de 0 fr. 20 centimes extraordinaires. (Décret du 15 juin 1882).

Secours. — La commune a reçu, depuis 1890, divers secours, savoir :

Année 1891 : Construction d'un gymnase scolaire 9.560 fr. ;

Année 1894 : Ouverture et mise en état de viabilité du chemin n° 7, dit « de Montmagny » (avenue de la République) 23.000 fr.

Opération importante exécutée en 1895-1896 avec le concours financier du département.

Valeur du centime en 1896. — 186 fr. 89.

Nombre de centimes — 104 centimes 8/10, dont 20 extraordinaires pour le remboursement de l'emprunt ci-dessus.

Charges par habitant. — 16 fr. 58.

Receveur municipal. — La recette municipale est faite par le percepteur des contributions de Saint-Denis, qui se rend, en cette qualité, à la mairie de Pierrefitte le 1er jeudi de chaque mois et se tient à son bureau de Saint-Denis les lundis, mardis et mercredis, de 9 heures à 3 heures.

Il reçoit, à cet effet, un traitement annuel de 1.424 francs, fixé par arrêté préfectoral du 9 juillet 1887.

II. — SERVICES PUBLICS

—

§ I. — BIENFAISANCE

Bureau de Bienfaisance. — Cet établissement charitable distribue aux indigents des secours en nature : pain, viande et combustible et leur fait donner, en cas de maladie, les soins nécessaires.

Un médecin est attaché au bureau et reçoit, à cet effet, un traitement de 100 francs par an.

Dix-huit familles, représentant 56 individus, sont inscrites au Bureau de Bienfaisance.

En outre, il est distribué, chaque hiver, des secours à des indigents non inscrits.

Un legs de 7.088 francs de rente a été fait par M. Chatenay dans le but de secourir 6 personnes (3 hommes et 3 femmes) les plus malheureux de la commune.

D'après la dernière situation financière, les recettes du Bureau se sont élevées à 9.922 fr. 94 (dont 9.822 fr. 94 de rentes sur l'État et 100 francs de subvention de la commune), et les dépenses à 8.635 fr. 35, d'où un excédent de recettes de 1.287 fr. 59.

Les revenus de l'établissement ne dépassant pas 30.000 francs, c'est le Receveur municipal qui est, de droit, trésorier du Bureau ; il reçoit en cette qualité une indemnité annuelle de 54 francs.

Hospice. — Néant.

Hôpital. — Néant.

Traitement des malades dans les hôpitaux de Paris. — Les malades de la commune sont envoyés en traitement dans les hôpitaux de Paris.

La somme payée à l'administration de l'Assistance publique, en 1895, à été de 295 fr. 50, en vertu de l'abonnement basé sur le nombre moyen des journées de traitement de malades dans les hôpitaux de Paris, pendant les trois années précédentes, à raison d'un franc par jour et par malade.

Aliénés. — 1 aliéné, ayant à Pierrefitte son domicile de secours a été placé, en 1895, dans un asile départemental, à Toulouse, et a donné lieu à une dépense de 456 fr. 25, pour 365 jours à 1 fr. 25.

Les proportions pour lesquelles les communes du département de la Seine doivent contribuer aux dépenses des aliénés ont été fixées par une délibération du Conseil général, en date du 27 décembre 1886, à 20, 25, 30, 35 et 40 % sur la dépense totale, suivant le revenu de la commune.

Piertefitte contribue pour 30 % à la dépense faite pour les aliénés de la commune, ce qui donne pour l'année 1895 :

$$\frac{456 \text{ fr. } 25 \times 30}{100} = 136 \text{ fr. } 90$$

Enfants assistés. — L'hospice des Enfants Assistés par le département de la Seine est situé à Paris, rue Denfert-Rochereau, nos 72 et 74. La part afférente à la commune a été, en 1895, de 521 fr. 71.

Enfants moralement abandonnés. — Le contingent fourni par la commune, en 1895, a été de 71 fr. 03.

Protection des enfants du 1er âge. — En 1895, les déclarations faites par les parents, en conformité de l'art. 7 de la loi du 23 décembre 1874, se résument ainsi :

	AU SEIN	AU BIBERON	TOTAUX
Nombre d'enfants de Pierrefitte mis en nourrice dans le département de la Seine (hors Paris)	2	3	5
Nombre d'enfants mis en nourrice hors du département	»	6	6
	2	9	11

Les déclarations d'élevage faites par les nourrices de la localité ont été de 10 enfants, tous nés dans le département de la Seine.

Crèche. — Néant.

Dispensaire. — Néant.

Fourneau économique. — Néant.

Secours aux familles des réservistes. — Un crédit de 265 francs a été inscrit au budget de 1896, pour être distribué aux familles nécessiteuses des soldats de la réserve et de l'armée territoriale.

Propagation de la vaccine. — Les enfants sont vaccinés, à leur naissance, par le médecin de la localité.

De plus, en exécution des prescriptions d'une circulaire préfectorale du 14 février 1894, les enfants des écoles publiques sont vaccinés et revaccinés aux frais du Département, par les soins de l'Institut de vaccine animale, rue Ballu, n° 8, à Paris. M. Chambon et le Dr Saint-Yves Ménard, membres de cet Institut, ont opéré, en 1896, la vaccination ou la revaccination des habitants de Pierrefitte qui l'ont demandée.

Caisse des Écoles. — En vertu des dispositions de l'article 15 de la loi du 10 avril 1867, une Caisse des Écoles a été créée à Pierrefitte le 14 juillet 1882.

La Caisse des Écoles a reçu, en 1895, une subvention de 150 francs du Conseil général et une de 700 francs du Conseil municipal.

Situation de la Caisse des Écoles en 1895 :

Dépenses

Vêtements, fournitures scolaires	320 fr.
Dépenses diverses	752,90
Total	1.072,90

Recettes

Montant des cotisations	67 fr.
Subvention départementale	150 »
Subvention communale	700 »
Dons divers	608,83
Total	1.525,83

Il n'existe pas de Cantine scolaire.

Bureau municipal de placement gratuit. — Un bureau municipal de placement gratuit a été créé le 1er décembre 1896.

Société de Secours mutuels. — Une société dite « de Saint-Louis », autorisée par décret du 26 mars 1852, avait été fondée primitivement pour les seuls habitants de la commune de Villetaneuse; elle fut étendue, en 1853, aux communes de Pierrefitte, Stains et Épinay.

Les cotisations sont fixées à :

Membres participants, hommes . . . .   21 francs par an
  —   —   femmes.   18   —
Membres honoraires, minimum   10   —

La société est composée principalement de cultivateurs.

Il existe à Pierrefitte une société de Secours mutuels de sapeurs-pompiers, approuvée le 3 mai 1886.

La société possède 10.546 fr. 35 déposés à la Caisse des Dépôts et Consignations, et constituant le fonds de retraite.

Son avoir, actuellement existant, se compose de :

Espèces. . . . .   1.474 fr.
Fonds de secours déposés à la Caisse des dépôts et
  Consignations. 1.916,40
                            Total. 3.390,40

§ II. — ENSEIGNEMENT

École de garçons. — L'école de garçons comprend deux classes contenant, la première 37 élèves, la seconde 61, soit 98 élèves. Le personnel enseignant se compose d'un directeur et d'un instituteur adjoint.

École de filles. — L'école de filles comprend deux classes contenant, la première 34 élèves, la seconde 45, soit 79 élèves.

Une directrice et deux institutrices adjointes sont chargées de l'instruction dans les deux classes.

École maternelle. — L'école maternelle est fréquentée par 63 enfants, et dirigée par l'une des deux adjointes de l'école des filles.

Enseignement du chant, du dessin et de la gymnastique. — Il n'y a par de cours spéciaux pour ces matières ; elles sont enseignées par les professeurs dans les limites du programme.

Admission dans les écoles primaires supérieures et professionnelles de la ville de Paris. — Deux élèves des écoles de Pierrefitte ont été admis dans les écoles supérieures et professionnelles de la ville de Paris, pour l'année scolaire 1896-1897.

Dons et legs faits aux écoles. — Une rente de 1.912 francs a été faite par Mlle Reboussin, en 1847, pour l'enseignement primaire à Pierrefitte.

Bibliothèques scolaires. — Une bibliothèque scolaire est installée, dans chaque école :

Celle de l'école des garçons est composée de 154 volumes.
   —   filles   —   162 volumes.

Des prêts gratuits sont faits aux enfants des écoles et à leurs familles.

Association philotechnique. — Néant.

§ III. — VOIRIE

La longueur des voies de communication tracée sur le territoire de la commune est de :

1 route nationale	2.800 mètres.
1 route départementale	978,40
1 chemin vicinal de grande communication	1.355, »
7 chemins vicinaux ordinaires.	4.865, »
19 chemins ruraux.	9.025, »
7 voies urbaines	1.416, »
Total	20.439,40

Route nationale. — La route nationale n° 1, *de Paris à Calais,* traverse le territoire de la commune de Pierrefitte sur une longueur de 2.800 mètres.

Entre Saint-Denis et Pierrefitte, *avenue de Saint-Denis,* la chaussée est complètement pavée entre bordures; sa largeur est de 10 mètres, les trottoirs ont 10 mètres 70 de large et sont plantés, de chaque côté, d'une rangée de platanes.

La traverse de Pierrefitte, *rue de Paris,* est entièrement pavée sur fondation en béton avec bordures en granit et ne comporte pas de plantations.

Entre Pierrefitte et la limite du département, *avenue du Nord,* la largeur de la chaussée, complètement pavée, est de 8 mètres entre bordures. Les trottoirs sont plantés et présentent, talus compris, une largeur de 9^m,50 chacun.

Route départementale. — La route départementale *n° 13, de Paris à Montmagny*, précédemment chemin vicinal de grande communication *n° 11*, commence à la route nationale *n° 1* et prend, sur le territoire de Pierrefitte, le nom de *boulevard de la Station*. Sa longueur, jusqu'à la limite de la commune, est de 896 mètres ; avant d'arriver sur le sol de Stains, elle passe à niveau sur la ligne du chemin de fer du Nord, ligne de Paris à Creil.

Cette route donne accès à la station de Pierrefitte-Stains et dessert à ce même titre les deux communes qu'elle traverse. De son origine, (route nationale n° 1), jusqu'à son entrée sur la commune de Stains, la chaussée est empierrée et encadrée par deux caniveaux pavés ; sa largeur régulière est de 6 mètres entre deux trottoirs de 3 mètres chacun, plantés de marronniers taillés en rideaux. L'entretien de l'empierrement est très onéreux par suite de la nature argileuse du sous-sol sur lequel il est assis et son état de viabilité laisse à désirer depuis le prolongement, jusqu'à Pierrefitte, de l'égout de Stains.

On a annexé à la route départementale n° 13 l'ancien chemin vicinal de grande communication n° 11 *bis*. Cette voie, qui n'a que $82^m,40$ de longueur, relie la route n° 13 à l'entrée de la gare aux marchandises de Pierrefitte-Stains. Sa largeur n'est que de $9^m,20$. Du côté gauche, elle se confond avec la cour de la gare ; du côté droit, elle est bordée d'un trottoir de 3 mètres, pourvu d'une plantation de marronniers. Sa chaussée, empierrée, est en bon état. Une entente est intervenue entre la commune de Pierrefitte et la compagnie du chemin de fer du Nord, qui a livré à la voie publique le terrain nécessaire pour porter la chaussée à une largeur de $8^m,50$, au lieu de 6 mètres qu'elle présente actuellement à l'entrée de la cour de la gare. Cette entrée est entièrement pavée et présente sur le côté gauche un trottoir de 3 mètres de largeur planté d'arbres.

Chemin vicinal de grande communication. — Le chemin vicinal de grande communication *n° 25, de Villetaneuse à Pierrefitte, (rue de Pierrefitte)*, se développe sur le territoire de Pierrefitte sur une longueur de 455 mètres ; la largeur uniforme de la chaussée est de 6 mètres ; elle est pavée en gros échantillons ; les trottoirs d'une largeur régulière de 3 mètres, sont pourvus d'une file de plantation.

Ce chemin aboutit à la route nationale n° 1, au rond-point où se termine l'avenue de Saint-Denis et où commence la rue de Paris.

Ce chemin, sous le même n° 25, relie Pierrefitte au département de Seine-et-Oise par l'embranchement de Montmagny (chemin de la redoute de la Butte-Pinson) ; la longueur de cette section est de 900 mètres dans le département de la Seine.

En bon état, cette partie du chemin présente une plate-forme de 7 mètres, dont 5 mètres de chaussée empierrée avec caniveaux pavés de 0^m,60 de largueur et deux trottoirs de 1 mètre.

Chemins vicinaux ordinaires. — Le tableau ci-dessous donne la situation des chemins vicinaux ordinaires situés sur le territoire de la commune de Pierrefitte.

NUMÉROS	DÉSIGNATION DES CHEMINS	LONGUEUR	ORIGINE	FIN	LARGEUR moyenne		CHAUSSÉE		OBSERVATIONS
					TOTALE	CHAUSSÉE	NATURE	ÉTAT	
1	DE LA GLORIETTE.	675^m	Rue Guéroux	Chemin vicinal ordinaire n° 2.	8 ^{m}	5 ^{m}	Pavage avec bordures.	Bon	
2	DES VIGNES-BLANCHES..........	600	Chemin de la Gloriette.	Territoire de Sarcelles.	8	4	id.	id.	En état de viabilité sur 40 m. Lacune sur 560 mètres.
3	D'AMIENS.........	1.391	Chemin de grande commun. n° 29.	Chem. de la Gloriette.	10	6	id.	id.	
4	DU BOIS DE RICHEBOURG.........	456	Route nat^le n° 1.	Territoire de Montmagny	6	4	id.	id.	Sur 330 m.
						4	Pavage.	id.	Sur 126 m.
5	DE LA RUELLE AUX BŒUFS........	826	id.	Chemin d'Amiens.	10	»	»	»	Entièrement en lacune.
7	DIT DE MONTMAGNY	443	id.	Territoire de Montmagny	10	»	»	»	Les travaux de mise en état de viabilité, actuellement en cours d'exécution, seront bientôt terminés.
8	RUE GUÉROUX	474	id.	Chemin de la Gloriette.	7	4.50	Pavage avec bordures.	Bon	Un arrêté du 17 octobre 1895 a approuvé le classement, de la rue Guéroux dans la petite vicinalité.
	TOTAL.......	6.235							

NOTE. — Il faut remarquer que le n° 6, qui ne figure pas dans le tableau ci-dessus, appartenait au chemin dit de la Butte-Pinson, classé actuellement comme chemin de grande communication n° 25 (Annexe).

Entretien.— Les dépenses relatives à l'entretien se sont élevées, en 1895, à 5.229 fr. 72 (le Département a alloué une subvention de 2.035 francs).

Travaux neufs sur chemins vicinaux ordinaires { Travaux faits dans l'année et dépenses correspondantes {

Les travaux d'ouverture et de mise en état de viabilité du chemin n° 7 dit « de Montmagny » adjugés le 21 février 1895, seront prochainement terminés. Les dépenses prévues sont de 89.000 fr. dont 24.000 francs pour les acquisitions de terrains.

On a étudié la mise en état de viabilité de la partie de la ruelle aux Bœufs, comprise entre le territoire de Villetaneuse et la route nationale n° 1, sur 551 m. de longueur, en suivant latéralement le chemin de fer de Creil, tracé accepté par délibération du Conseil municipal, du 11 juillet 1894 ; des conférences ont eu lieu avec le génie militaire.

Projets en préparation, néant.

Chemins ruraux. — Les chemins ruraux sont au nombre de 19 ; leur étendue est de 9.025 mètres.

Voirie urbaine. — Les rues de la commune sont au nombre de 7 ; la plupart portent le nom de personnages se rattachant à l'histoire locale.

Voirie urbaine {

Travaux faits dans l'année et dépenses correspondantes {

Rue Reboussin. Prolongement de la mise en état de viabilité sur une longueur de 41 m. 50
Chemin des Basses-Terres (rural n° 3).
Pavage du dernier tronçon sur 414 m. 44, 17 janvier 1896. Arrêté préfectoral approuvant le plan d'alignement de la ruelle Ange.

Projets en préparation {

Ruelle derrière les jardins (rural n° 12). Mise en état de viabilité sur une longueur de 46 mètres.

Prestations. — Par suite de l'insuffisance des ressources ordinaires de la commune applicables à l'entretien des chemins vicinaux, le Conseil municipal vote, chaque année, 3 journées de prestations en nature dont la valeur en argent est appréciée par le Conseil d'arrondissement et le Conseil général.

Le rôle de l'année 1896 comporte 2.271 articles imposés se répartissant ainsi :

    1.527 journées d'homme à 2 fr. . . . . 3.054 fr.
     372 journées de voiture à 2 fr. 25 . . . .   837 »
     372 journées de cheval à 2 fr. 25. . . . .   837 »

dont 141 sont faites en nature. Ce sont :

    63 journées d'homme ;
    39 journées de voiture.
    39 journées de cheval.

Il n'y a ni décharges, ni cotes indues, ni non-valeurs.

De plus, Pierrefitte étant une des communes qui votent chaque année 5 centimes ordinaires, plus 3 journés de prestations, a reçu pour 1896, du département, un subside de 2.500 francs destiné à l'entretien de ses chemins vicinaux.

Entretien des rues et des chemins ruraux. — L'entretien des rues est à la charge de la commune.

Balayage. — Les propriétaires sont astreints au balayage deux fois par semaine, en face leurs habitations, jusqu'à demi-chaussée, en vertu d'un arrêté municipal du 7 mars 1896. Le balayage doit être terminé à 11 heures du matin, en été et à midi, en hiver.

Droits de voirie. — Les droits de voirie rapportent environ 1.000 francs par an (pour le détail, voir aux annexes).

Ponts. — Néant.

Rus. — Il a été fait mention à l'article « Hydrographie » des divers rus sillonnant le territoire de la commune.

Le curage est fait par les propriétaires riverains en vertu d'un arrêté préfectoral. Toutefois, aucun curage n'a été prescrit ni exécuté en 1895.

Port. — Néant.

Égout. — Il existe à Pierrefitte un égout départemental, construit récemment sous la chaussée du boulevard de la Station (route départementale n° 13), sur une longeur de 896 mètres. Le curage est effectué par les soins du département.

Enlèvement des boues. — Il existe un service d'enlèvement des boues qui fonctionne chaque dimanche. L'adjudicataire reçoit 300 francs par an.

Distance de Paris. — La distance de Paris (parvis Notre-Dame) à Pierrefitte (mairie) est de 13 kilomètres 600 mètres, en suivant la route nationale n° 1.

Distance du chef-lieu de canton. — Pierrefitte est situé à 7 kilomètres 500 mètres d'Aubervilliers.

Distance des autres communes du canton :
Villetaneuse est à 2 kilomètres 300 mètres.
Stains est à 4 kilomètres 500 mètres.
La Courneuve est à 6 kilomètres 700 mètres.

Dugny est à 6 kilomètres.

Moyens de transport. — Pierrefitte est desservi par la ligne du chemin de fer du Nord (ligne de Paris à Creil) et par la Grande Ceinture.

Grande Ceinture. — Cette ligne a, sur le territoire de la commune, à son point de croisement avec la route nationale, une halte desservie par quatre trains dans chaque sens.

La gare militaire de Villetaneuse se trouve sur le territoire de Pierrefitte.

Chemin de fer du Nord. — Ligne de Paris à Creil (gare de Pierrefitte-Stains, située à égale distance des deux pays). Treize trains allant sur Paris s'arrêtent à Pierrefitte ; quatorze trains allant vers Creil s'y arrêtent également, entre 5 heures du matin et minuit 1/2.

La durée du trajet entre Paris-Nord et Pierrefitte est de 17 minutes. La distance est de 11 kilomètres.

	BILLETS SIMPLES			BILLETS D'ALLER ET RETOUR		
	1re CL.	2e CL.	3e CL.	1re CL.	2e CL.	3e CL.
Prix du trajet entre Paris-Nord et Pierrefitte.................	1 fr. 25	0 fr. 85	0 fr. 55	1 fr. 85	1 fr. 35	0 fr. 85

Prix des cartes d'abonnement :

POUR UN MOIS			POUR TROIS MOIS			POUR SIX MOIS			POUR UN AN		
1re CL.	2e CL.	3e CL.	1re CL.	2e CL.	3e CL.	1re CL.	2e CL.	3e CL.	1re CL.	2e CL.	3e CL.
42 fr.	32 fr.	21 fr.	94 fr.	71 fr.	47 fr.	141 fr.	106 fr.	71 fr.	212 fr.	159 fr.	106 fr.

Une réduction de moitié sur le prix des abonnements ordinaires est accordée aux élèves qui, n'ayant pas 18 ans, font leurs études dans un lycée ou dans tout autre établissement d'instruction.

Les élèves âgés de plus de 18 ans paient, pour un abonnement d'un an, le prix d'un abonnement de 6 mois et, pour un abonnement de 6 mois, le prix d'un abonnement de 3 mois.

Il est délivré aux étudiants des facultés :

1º Des abonnements de 10 mois pour la période scolaire, avec réduction de moitié sur le prix fixé pour l'année entière.:

2º Des abonnements d'un an commençant à courir les 1er, 11 ou 21 d'un mois quelconque, aux prix fixés par le présent tarif pour les abonnements de 6 mois.

Billets d'ouvriers. — La Compagnie du chemin de fer du Nord met des billets à prix réduit, aller et retour, entre Pierrefitte et Paris à la disposition des ouvriers, dans les conditions habituelles.

Il existe des abonnements hebdomadaires de 1 fr. 40.

Omnibus. — Néant.

Eaux. — La commune de Pierrefitte est alimentée par la Compagnie Générale des Eaux, — dont le siège social est à Paris, rue d'Anjou, nº 52, — en vertu d'un traité en date du 26 octobre 1868, approuvé par arrêté préfectoral du 19 février 1869, pour une durée prenant fin le 5 août 1953.

Onze bornes fontaines, dont 6 gratuites, et 9 bouches d'eau sont réparties dans la commune qui paie à raison de 100 francs par an pour un mètre cube par jour.

L'eau est fournie gratuitement aux écoles et à la mairie.

Prix payés pour les abonnements de particuliers.

QUANTITÉS DE LA FOURNITURE PAR JOUR	PRIX PAR AN DE CHAQUE HECTOLITRE
De 1 à 4 hectolitres par jour.......................	36 francs l'hectolitre
De 5 à 9 — —	30 » —
De 10 à 14 — —	27,50 —
De 15 à 19 — —	25 » —
De 20 à 29 — —	22,50 —
De 30 à 50 — —	20 » —

Éclairage au gaz. — Par un acte, en date du 8 novembre 1881, approuvé par arrêté préfectoral du 28 février 1882, la commune a traité pour une durée de 40 années, avec la Compagnie Georgi, nº 58, rue Laffitte, pour l'éclairage au gaz, tant public que privé.

L'éclairage public comprend les édifices communaux, plus dix voies de la commune, qui sont alimentées par 61 becs.

Le prix du gaz pour l'éclairage public est de 0 fr. 028 par bec et par heure.

Le prix de l'éclairage privé est de 0 fr. 35 le mètre cube.

§ IV. — JUSTICE ET POLICE

Justice de Paix. — La commune de Pierrefitte dépend de la Justice de Paix de Saint-Denis.

Les audiences de conciliation ont lieu le mardi et les audiences publiques le mercredi de chaque semaine.

Officiers ministériels. — Il n'y a dans la commune aucun officier ministériel.

Commissariat de Police. — Pierrefitte relève du Commissariat de Police de Saint-Denis nord, qui envoie ses agents faire des tournées quotidiennes d'inspection dans la commune.

Gendarmerie. — La caserne de gendarmerie est située boulevard de la Station n° 9. La brigade qui l'occupe se compose d'un brigadier et de quatre gendarmes chargés également d'assurer la sécurité publique à Stains.

Garde champêtre. — Il n'y a dans la commune qu'un garde champêtre, qui est aussi concierge de la mairie, et dont le traitement est de 1.150 francs.

Messiers. — Néant.

§ V. — CULTES

Paroisse. — La paroisse de Pierrefitte est administrée par un desservant, dont le traitement est de 900 francs par an.

Budget de la fabrique. — Les recettes du budget de la fabrique s'élèvent à environ 4.000 francs par an.

Fondations. — 120 francs de rente payés par la commune et résultant d'une donation faite par Mlle Reboussin en 1847.

Congrégations. — Les sœurs de la Providence dirigent une école libre de filles, située rue de Paris, 15.

§ VI. — SERVICES DIVERS

Postes, télégraphe, téléphone. — Le Bureau de Poste et Télégraphe est situé avenue de Saint-Denis, n° 9.

Il est ouvert en toute saison, de 8 heures à midi et de 2 heures à 7 heures.

Le service est fait par une receveuse, une aide, deux facteurs des postes, un facteur du télégraphe et un courrier.

Il est fait quatre distributions par jour.

Indépendamment de la boîte aux lettres qui se trouve au Bureau de Poste, il existe trois autres boîtes placées: rue Guéroux, à la gare, et avenue de Saint-Denis, n° 135.

Une cabine téléphonique publique est installée au Bureau de Poste.

Caisse nationale d'épargne (postale). — Le Bureau de Poste a un guichet spécialement affecté aux opérations de la Caisse d'épargne postale créée par la loi du 9 avril 1881, sous la garantie de l'État.

Cinquante-deux livrets ont été demandés pendant l'année 1895 et le chiffre des versements effectués, cette même année, a atteint la la somme de 6.586 fr. 50.

Sapeurs-pompiers. — La subdivision des sapeurs-pompiers de Pierrefitte comprend seize hommes, plus un sous-lieutenant, un sous-officier, trois caporaux, un caporal-fourrier.

Le remboursement de la prestation individuelle est voté, chaque année, par le Conseil municipal à leur profit; une somme de 50 francs est, en outre, accordée annuellement aux clairons.

Il a été voté en 1895, les dépenses suivantes:

Clairons	50 »
Habillement	143 95
Déplacements, indemnités	100 »
Rachat de la prestation individuelle.	72 »
Entretien des pompes.	155 »
Subvention à la Caisse des retraites.	100 »

et comme dépenses extraordinaires:

Habillement	30 »
Matériel.	250 »

Le matériel de secours, composé de deux pompes foulantes et un dévidoir est remisé dans un magasin situé derrière l'église.

Marché. — Néant.

Pompes funèbres.— La commune a traité pour ce service avec la Compagnie des pompes funèbres générales, n° 66, Boulevard Richard-Lenoir, à Paris.

Les prix des convois sont les suivants :

1re classe.	937 »
2e —	538 »
3e —	413 »
4e —	298 »
5e —	175 »
6e —	96 »
7e —	58 »
8e —	26 »

Le règlement est opéré par un régleur, employé de l'entreprise.

Bureau de tabac. — Il n'existe dans la commune qu'un seul bureau de tabac, situé rue de Paris, n° 33.

Bibliothèque municipale publique.— La bibliothèque municipale publique de prêts gratuits à domicile a été fondée à Pierrefitte en 1881.

Elle est installée dans une des salles de la mairie et placée sous la direction du secrétaire de la mairie.

Elle est ouverte au public le jeudi et le samedi de chaque semaine, dans l'après-midi.

Elle se compose de 1.174 volumes et a été fréquentée par 182 lecteurs en 1895.

Archives de la commune. — Le fonds des archives de la commune se compose :

Des registres de l'état civil, reliés, au complet depuis l'année 1700 ;

Des registres du Conseil municipal au complet depuis le 12 mai 1816 ;

Des arrêtés municipaux depuis la même époque ;

Des dossiers des travaux exécutés depuis 1870 ;

De titres de propriétés incomplets.

§ VII. — PERSONNEL COMMUNAL

NOMBRE	EMPLOI	TRAITEMENT
1	Médecin de l'état civil..............................	100 francs
1	Médecin du Bureau de Bienfaisance.....................	100 —
1	Secrétaire de la mairie	1.800 —
1	Employé de la mairie	480 —
1	Receveur municipal (emploi occupé par le percepteur de Saint-Denis)...	1.424 —
1	Architecte communal (à Paris)........................	100 —
1	Cantonnier...	1.320 —
1	Garde champêtre (en même temps concierge de la mairie).	1.150 — et le logement
1	Gardien du cimetière, fossoyeur.......................	100 francs
1	Femme de service des écoles.........,................	600 —

III. — RENSEIGNEMENTS DIVERS

Fêtes locales et foires. — La fête locale commence le 19 juin et dure trois jours; elle se tient sur un emplacement près des écoles des garçons.

Il n'y a pas de foire.

Courses de chevaux. — Néant.

Principales industries. — Il existe deux fabriques assez importantes, l'une de tentures murales, dites Lincrusta Walton, occupant 40 ouvriers; l'autre de matériel de chemin de fer et occupant 3o ouvriers.

Commerce et productions du pays. — Le commerce principal est fait par une maison d'épicerie en gros. Les productions du pays sont uniquement dûes à la culture maraîchère et à l'horticulture, qui ont remplacé la fabrication du vin, les plants de vigne ayant peu à peu disparu.

Écoles libres. — Une institution de jeunes gens comprenant 45 élèves. Elle est située rue de Paris.

Une école de filles, comprenant 65 élèves et située rue de Paris nº 15, dirigée par les sœurs de la Providence.

Sociétés diverses. — Une société de musique comptant 20 membres qui paient une cotisation de 1 fr. 5o par mois.

Une société de gymnastique, « l'Avant-Garde », fondée en 1888 et comprenant 25 membres; la cotisation est de 1 fr. 5o par mois.

Médecins, pharmaciens, vétérinaires, sages-femmes :
Un médecin.
Un pharmacien.
Pas de vétérinaire.
Pas de sage-femme.

ANNEXES

CONSEIL MUNICIPAL (1896)

<table>
<tr><td>MM. TULEU, Louis-Victor, maire.</td><td>MM. TROUVÉ, Louis   conseiller.</td></tr>
<tr><td>GILLET, Denis-Clément, adjoint.</td><td>FROMENTIN, Jules   —</td></tr>
<tr><td>THOMAIN, Alexandre, conseiller</td><td>CRABOULIET, Michel   —</td></tr>
<tr><td>VORMIÈRE, Abel-Samuel   —</td><td>SALIGOT, Victor   —</td></tr>
<tr><td>BELLET, Louis   —</td><td>DELAHAYE, Ernest   —</td></tr>
<tr><td>LEVILAIN, Émile   —</td><td>SUSTENDAL, Paul,   —</td></tr>
<tr><td>GILLET, Francois-Antoine —</td><td>COMTE, Charles   —</td></tr>
<tr><td>PINÇON, Paul-Eugène   —</td><td>KUHN, Jean   —</td></tr>
</table>

TARIF DES CONCESSIONS

DANS

LE CIMETIÈRE

———

Par délibération du 25 novembre 1896, le tarif des concessions perpétuelles, trentenaires et décennales a été modifié et arrêté ainsi qu'il suit:

CONCESSIONS PERPÉTUELLES

Pour une case de deux mètres superficiels:
(2 mètres de long sur 1 de large) . . . .   210 fr.
Trois mètres superficiels . . . .   420 fr.
Quatre   —   —   . . . .   630 fr.
Cinq   —   —   . . . .   945 fr.
Six   —   —   . . . .   1.260 fr.
Sept   —   —   . . . .   1.680 fr.
Huit   —   —   . . . .   2.100 fr.
Neuf   —   —   . . . .   2.520 fr.
Dix   —   —   . . . .   2.940 fr.

CONCESSIONS TRENTENAIRES

Pour une case de deux mètres superficiels:
(2 mètres de long sur 1 de large) . . . .   105 fr.
Trois mètres superficiels . . . .   210 fr.
Quatre   —   —   . . . .   315 fr.
Cinq   —   —   . . . .   472 fr. 50
Six   —   —   . . . .   630 fr.

Sept mètres superficiels . . . . 840 fr.
Huit   —   —   . . . . 1.05o fr.
Neuf   —   —   . . . . 1.25o fr.
Dix   —   —   . . . . 1.47o fr.

CONCESSIONS DÉCENNALES

Pour une case de deux mètres superficiels :
(2 mètres de long sur 1 de large) . . . . . .   48 fr.

Il ne sera pas accordé de concessions de moins de deux mètres superficiels (2 mètres de long sur 1 mètre de large, formant une case).

Les concessions décennales ne pourront être supérieures à une case.

TARIF D'OCCUPATION DU CAVEAU PROVISOIRE

Par cercueil : minimum pour une occupation de 1 à 10 jours. . . . .   10 fr.
Pour une occupation de 10 à 3o jours . .   1 fr. par jour
    —   —   de 3o à 60 — . .   2 fr.   —
    —   —   au-delà de 6o jours. 3 fr.   —

Le cimetière est ouvert : pendant l'été, de 8 heures du matin à 7 heures du soir ; et pendant l'hiver, de 9 heures du matin à 4 heures du soir.

TARIF DES DROITS DE VOIRIE

---

§ I. CONSTRUCTIONS NEUVES

Alignement pour chaque mètre de longueur de façade :

— de bâtiment en maçonnerie	5 fr.	»
— de construction en pan de bois.	5 fr.	»
—, de clôture en maçonnerie ou grille . .	1 fr.	»
— — en planches	0 fr.	50
— — en échalas ou treillage. . . .	0 fr.	25
Exhaussement d'un bâtiment par mètre et par étage.	0 fr.	60
— d'un mur de clôture par mètre courant	0 fr.	30

§ II. CONSTRUCTIONS EN SAILLIE

Saillies fixes

Perron en pierre, droit fixe	6 fr.	»
Décrottoir, droit fixe	1 fr.	»
Abat-jour, droit fixe	1 fr.	»
Appui à demeure (compris soubassement), droit fixe.	0 fr.	70
Appui de fenêtre, droit fixe	0 fr.	50
Auvent au-dessus d'une croisée ou porte ordinaire, droit fixe	1 fr.	50
Auvent au-dessus d'une boutique ou magasin (marquise), droit fixe.	25 fr.	»
Grand balcon de plus de 2 mètres de longueur, par mètre.	5 fr.	»

Petit balcon, droit fixe . . . .   1 fr.   »
Banc, droit fixe . . . .   3 fr.   »
Borne adhérente ou isolée, droit fixe. . . . .   2 fr.   »
Colonne en maçonnerie et pilastre (engagé ou isolé)
    droit fixe . . . .   3 fr.   »
Entablement, par mètre courant. . . . .   0 fr. 50
Corniche en pierre, moëllon ou plâtre, par mètre
    courant. . . . .   0 fr. 50
Couronnement en brique ou en moëllon, par mètre
    courant. . . . .   0 fr. 50
Devanture de boutique, droit fixe . . . .   6 fr.   »
Fermeture de boutique, droit fixe . . . .   6 fr.   »
Grilles de boutique, par mètre courant. . . . . . .   1 fr. 50
Grilles de croisée, droit fixe. . . . .   2 fr.   »
Marche, droit fixe . . . .   0 fr. 50
Tuyaux de descente, par étage. . . . .   1 fr.   »
Parement de décoration au-dessous du rez-de-chaus-
    sée, par mètre courant et par étage . . . .   0 fr. 50

NOTA. — En cas de rétablissement de chacun de ces objets, il ne sera perçu qu'un demi droit.

Saillies mobiles

Paire de persiennes ou de contrevents, droit fixe . .   1 fr.   »
Barre de support adhérent ou isolé d'une devanture,
    droit fixe . . . .   1 fr.   »
Jalousie ou store de croisée (à demeure), droit fixe. .   1 fr.   »
Stores de boutique, par mètre. . . . .   2 fr.   »
Attribut, bouchon de cabaret ou couronne, buste
    formant étalage, cadran ou tableau, chardon en
    fer, herse ou artichaut, châssis à verres sédentaires
    ou mobiles, enseignes de toute nature, lanternes ou
    transparents, montre, poulie ou moulinet de bou-
    langer, tapis d'étalage, chaque objet . . . .   3 fr. 50

§ III. TRAVAUX ET RÉPARATIONS AUX CONTRUCTIONS EXISTANTES

Ouverture d'une baie de porte cochère ou de grille.
    droit fixe . . . .   6 fr.   »
Ouverture d'une baie de porte bâtarde, droit fixe . .   3 fr.   »

Ouverture d'une baie de boutique, droit fixe . . . .   5 fr. »

Ouverture d'une baie de croisée, droit fixe . . . . .   3 fr. »

Ouverture d'une baie de soupirail, droit fixe . . . .   2 fr. »

Bouchement de crevasses ou ravalement à la façade d'un bâtiment.
- Au-dessous de 1 mètre superficiel. droit fixe . . . . . .   0 fr. 5o
- De 1 mètre à 5 mètres, droit fixe . . . .   1 fr. »
- De 5 mètres à 10 mètres, droit fixe . . . .   3 fr. »
- Au-dessous de 10 mètres, droit fixe. . . . .   6 fr. »

Dosseret, droit fixe. . . . .   1 fr. 5o

Rétablissement d'un pan de bois, droit fixe . . . . .   3 fr. »

Poteau ou colonne en fer, droit fixe . . . .   4 fr. »

Linteau ou trumeau, tour ronde ou renfoncement, droit fixe . . . . : . . .   1 fr. »

Poitrail, droit fixe . . . .   3 fr. 5o

Corniche nouvelle ou reconstruite, par mètre linéaire.   0 fr. 5o

Reconstruction d'un pied droit ou jambe étrière, droit fixe . . . .   2 fr. »

Réfection totale de chaperon de mur, par mètre linéaire. . . . .   0 fr. 20

Réfection totale d'un mur, compris chaperon, par mètre linéaire . . . .   0 fr. 35

Revêtement ou soubassement en dalles, rocaillage ou brique, par mètre linéaire. . . . .   1 fr. »

Ravalement général ou partiel en peinture ou badigeon d'un bâtiment, quel que soit le nombre d'étages, par mètre linéaire. . . . .   0 fr. 3o

Ravalement d'un mur de clôture en plâtre, mortier ou ciment, par mètre linéaire. . . . .   0 fr. 20

§ IV. DROITS DIVERS

Barrière devant une fouille ou bâtiment en réparation, construction ou démolition, par mois et par mètre courant . . . .   0 fr. 5o

Chevalement, contre-fiche, étai ou étrésillon, droit fixe par mois. . . . .   1 fr. 5o

Échafaudage, échafaud au delà de 3 jours (quelle que soit la longueur), droit fixe par mois. . . . . . .   3 fr. »

Dépôt autorisé de matériaux sur la voie publique
(quelle qu'en soit la nature), par mètre superficiel
et par mois . . . .　　　　o fr. 25

NOTA. — Pour toutes les taxes ou délais, il ne sera compté
ni moins d'un mètre, ni moins d'un mois.

Pour les réparations aux constructions en saillie fixe, il ne
sera compté qu'un demi-droit.

TABLE

NOTICE HISTORIQUE... 7

I. Faits historiques 8
II. Modifications territoriales et administratives................................ 16
III. Annales administratives. Liste des maires.................................... 17
IV. Édifices publics. 20

RENSEIGNEMENTS ADMINISTRATIFS

I. TOPOGRAPHIE, DÉMOGRAPHIE ET FINANCES

§ I. *Territoire et domaine*

A. Territoire

Nom.. 25
Dénomination des habitants... 25
Armoiries.. 25
Limites, quartiers, hameaux, écarts et lieux dits.............................. 25
Superficie de la commune 26
Arrondissement 26
Canton... 26
Circonscription électorale pour l'élection des députés......................... 26
Sectionnement électoral 26
Bureaux de vote.. 26
Circonscription judiciaire... 26
Circonscription de commissariat.. 26
Orographie... 26
Hydrographie... 27

Domaine

Mairie, date et prix de l'édifice, surface, services et logements 27
Écoles communales, date et prix, etc 28
Église, temple, synagogue 28
Presbytère 28
Cimetière 28
Hospice, hôpital... 29
Établissements divers (Marchés, Abattoirs, Fort, etc.)......................... 29
Terrains communaux ; nature, surface, emploi................................... 29

§ II. *Démographie*

A. Population

Population résidente, présente, par professions, par nationalités, etc. — Naissances, décès, mariages................................... 30

B. Habitations	Habitations occupées ou non. — Classement suivant les étages ...	32
	Nombre de logements occupés ou non	32
	Ateliers, magasins et boutiques	32
C. Divers	Électeurs inscrits	32
	Recrutement	32
	Recensement des chevaux et voitures	32

§ III. *Finances*

A. Contributions	Principal des contributions	33
	Perception	33
B. Octroi	Mode de gestion	33
	Bureaux	33
	Produit des taxes ordinaires et spéciales	33
C. Finances communales	Valeur du centime. — Nombre de centimes grevant la commune et leur nature	33
	Recettes ordinaires et extraordinaires	33
	Dépenses ordinaires et extraordinaires	33
	Emprunts, dettes	34
	Charges par habitants	34

II. — SERVICES PUBLICS

§ I. *Bienfaisance*

Bureau de bienfaisance — 35
Hospice, Hôpital, Maisons de retraite — 35
Traitement des malades dans les hôpitaux de Paris — 35
Aliénés, Enfants Assistés et moralement abandonnés — 36
Protection des enfants du 1er âge — 36
Crèche — 36
Dispensaire — 36
Fourneau économique — 37
Secours aux familles des réservistes — 37
Propagation de la vaccine — 37
Caisse des écoles — 37
Bureau municipal de placement gratuit — 37
Sociétés de secours mutuels — 37

§ II. *Enseignement*

Énumération par groupe scolaire du nombre de classes, d'élèves et de maîtres — 38
Enseignement du chant, du dessin et de la gymnastique — 38
Élèves admis dans les écoles primaires, supérieures et professionnelles de Paris — 38
Bibliothèques scolaires et pédagogiques — 39
Association philotechnique — 39

§ III. *Voirie*

Routes nationales et départementales — 39
Chemins de grande communication — 40
— vicinaux ordinaires — 41
— ruraux reconnus — 42
— — non reconnus — 42
Voirie urbaine — 42

Ports et canaux 43
Ponts et passserelles, écluses 43
Rus et égouts 43
Enlèvement des boues, glaces et neiges 43
Distance de Paris 43
Moyens de transport 44
Eaux 45
Éclairage 45

§ IV. *Justice et Police*

Justice de Paix 46
Officiers ministériels 46
Commissariat de Police 46
Gendarmerie 46
Gardes champêtres, Messiers et Appariteurs 46

§ V. *Cultes*

Paroisse. — Desservants 46
Fabrique 46

§ VI. *Services divers*

Postes et Télégraphes 47
Caisse d'épargne 47
Sapeurs-Pompiers 47
Marchés 48
Pompes funèbres 48
Bureaux de tabac 48
Bibliothèque municipale. — Archives 48

§ VII. *Personnel communal*

Employés de la mairie 49
Receveur municipal 49
Architecte. — Voyer. — Cantonniers 49
Personnel de l'octroi 49
Garde champêtre, Messiers, Appariteurs 49
Gardien du cimetière 49

III. — RENSEIGNEMENTS DIVERS

Fêtes locales 50
Courses de chevaux 50
Principales industries 50
Commerce. — Productions du pays 50
Établissements privés de bienfaisance, d'enseignement, etc. 50
Sociétés diverses 50
Médecins, pharmaciens, vétérinaires 50

ANNEXES

Conseil municipal 5
Tarif des concessions dans le cimetière et extrait du règlement 54
Tarif des droits de voirie 56

COMPOSÉ, IMPRIMÉ ET BROCHÉ

PAR LES PUPILLES DU DÉPARTEMENT DE LA SEINE,

ÉLÈVES DE L'ÉCOLE D'ALEMBERT

A MONTÉVRAIN

COMPARAISON

DE LA

POPULATION

ET DES

RECETTES ORDINAIRES

Relevées aux époques de Recensement

(1801 à 1896)

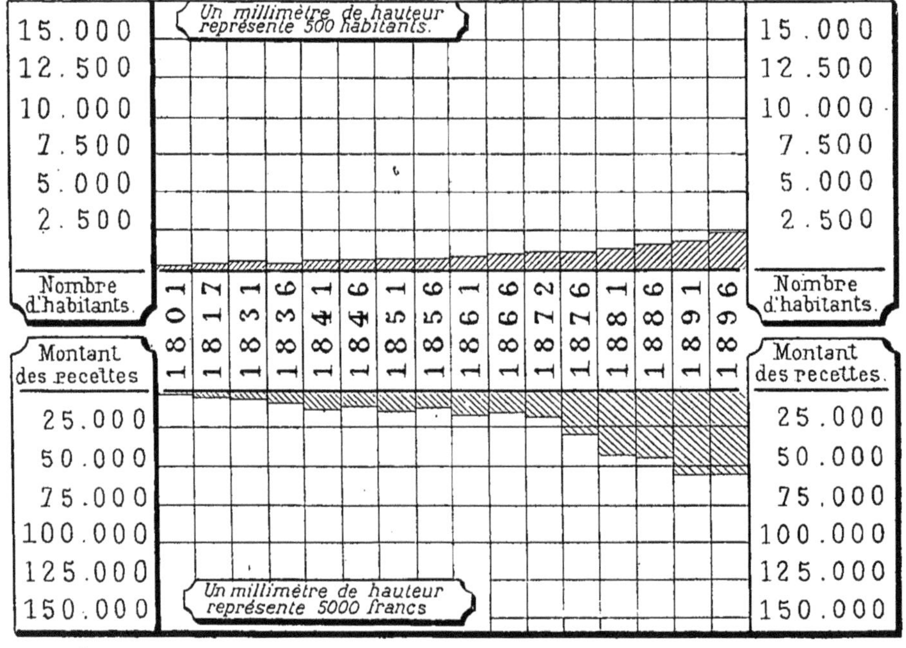

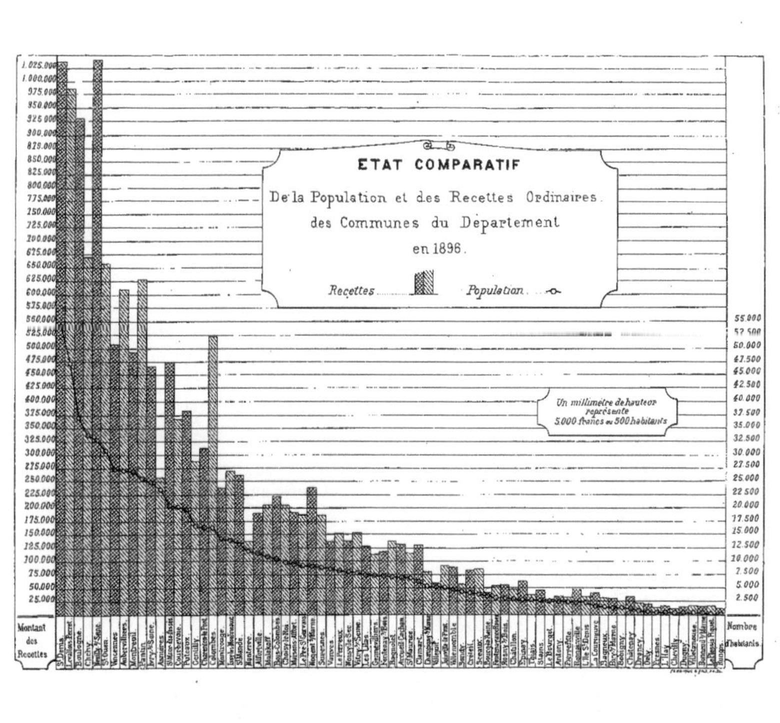

ETAT COMPARATIF
De la Population et des Recettes Ordinaires
des Communes du Departement
en 1896.
Recettes
Population
Un millimètre de hauteur
représente
5.000 francs ou 500 habitants
Montant des Recettes
Nombre d'habitants

Limites actuelles de la Commune reportées sur la Carte dite des Chasses. (1764-1773).

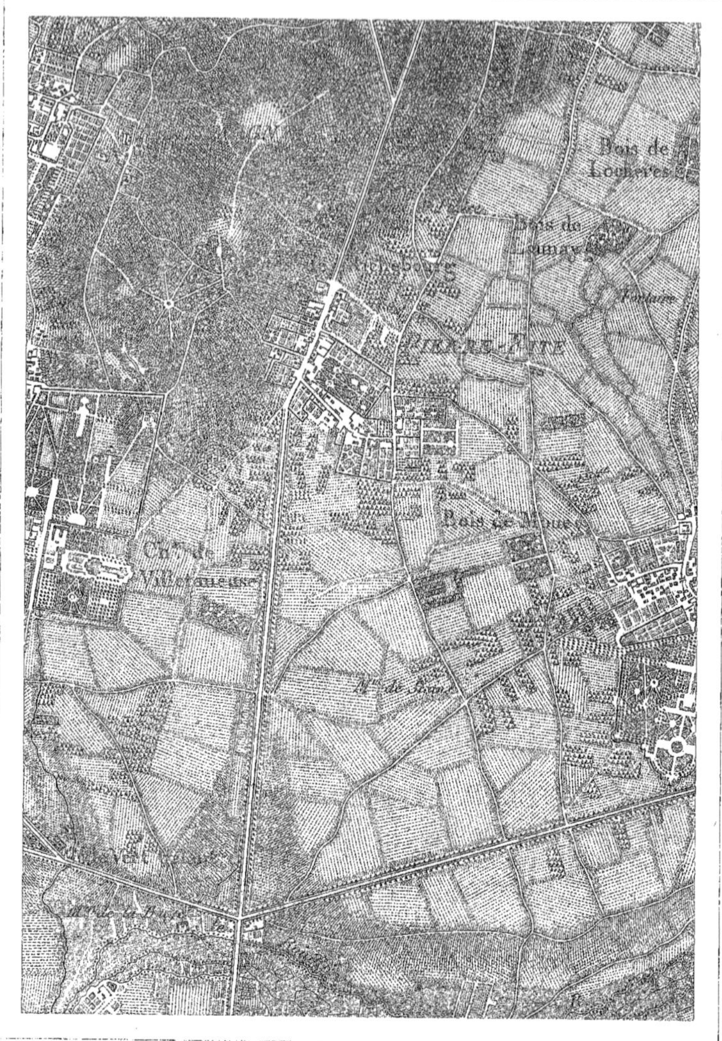

Echelle de 10.000

Reproduction L.Wuhrer.

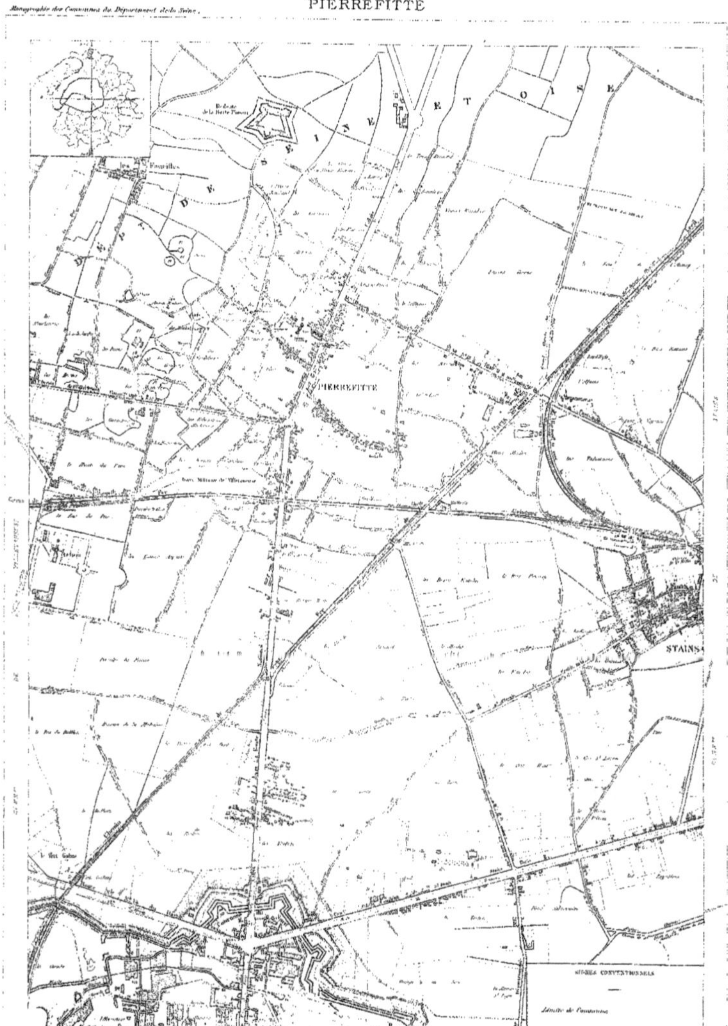

Réduction Extrait de l'Atlas des Communes du Département de la Seine au échelle de 1895-1906.   Echelle de 16.000   Gravé par J. Wicker.

ERRATA

Page 27. — *Hydrographie.* — Supprimer les deux alinéas et lire :

Le ru des Joncherolles part de Pierrefitte, au sentier des Joncs (chemin rural n° 24) et se perd dans la rivière du Rouillon, sur le territoire de Saint-Denis; son parcours total est de 1.750 mètres.

Le ru des Liziards commence au chemin vicinal n° 3, dit d'Amiens et se termine au ru des Joncherolles, après avoir parcouru le territoire sur une longueur de 969 mètres.

Page 30. — *Note.* — Supprimer les cinq lignes et lire :

Un siècle auparavant, en 1709, lors du dénombrement des paroisses de la Généralité de Paris, Pierrefitte ne comptait que 94 *feux (Appendice p. 424 — au Mémoire de la Généralité de Paris pour l'instruction du duc de Bourgogne,* dans la collection des documents inédits; — publié par M. de Boislisle).

www.ingramcontent.com/pod-product-compliance
Ingram Content Group UK Ltd.
Pitfield, Milton Keynes, MK11 3LW, UK
UKHW020945120726
13693UKWH00004B/1557